Original illisible

NF Z 43-120-10

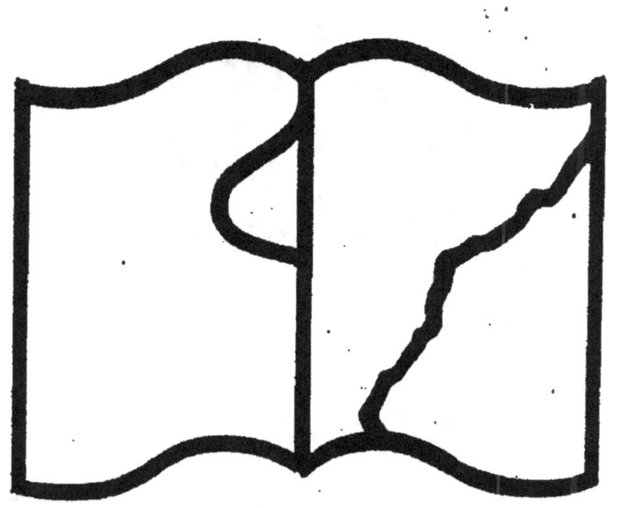

Texte détérioré — reliure défectueuse

NF Z 43-120-11

"VALABLE POUR TOUT OU PARTIE
DU DOCUMENT REPRODUIT".

Le

Provincial

à

Paris,

TOME SECOND.

Mœurs françaises.

Le Provincial

A Paris,

Esquisses des Mœurs Parisiennes.

Le Provincial

A Paris,

Esquisses des Mœurs Parisiennes.

Par L. Montigny.

TOME SECOND.

---

*Je regarde, je tâche de bien voir,
et je rends compte des impressions
que je reçois.*

Tome I, chapitre I, page 4.

SECONDE ÉDITION.

PARIS,

CHEZ LADVOCAT, LIBRAIRE

DE S. A. R. MONSEIGNEUR LE DUC DE CHARTRES.

1825.

AVERTISSEMENT

DE L'AUTEUR.

Le 1er. volume du *Provincial à Paris* contient trente chapitres ; celui-ci n'en renferme que vingt-cinq, et cependant le nombre des pages de ce dernier l'emporte sur l'autre de plus de soixante. Quelques Critiques bienveillans m'ont fait, avec raison peut-être,

un reproche qu'ils ne m'adres-
seront plus : ils ont dit que plusieurs des esquisses du premier
volume, sans manquer de vérité
dans l'ensemble, laissaient quelque chose à désirer dans les détails, souvent trop abrégés. Ma jus-
tification est aisée.

Un bon nombre des chapitres
dont se compose le premier volume avaient été publiés dans LE
DIABLE BOITEUX, journal que le
public accueille avec une bien-
veillance toujours croissante. Or,
les dimensions de cette feuille ne
permettent pas à ses rédacteurs de

faire de longs articles. De-là la
brièveté, le peu d'étendue de
quelques aperçus de mœurs.

Les vingt-quatre premiers chapitres (c'est-à-dire la presque to-
talité du second volume) sont en-
tièrement inédits. Le seul chapitre
intitulé Macédoine est formé d'une
suite de petits faits et de réflexions
qui ont paru dans la feuille précitée, à-peu-près dans les termes où
ils sont reproduits aujourd'hui.

Une foule de raisons, que la position actuelle d'un journaliste et
les lois qui régissent la presse pé-
riodique expliquent suffisamment

au lecteur, empêchent l'écrivain qui s'exerce dans une feuille quotidienne, d'entrer dans des détails qui, tout en appartenant aux mœurs, touchent cependant de fort près à la politique; il n'est pas permis, dans un journal consacré à la littérature, aux spectacles, aux arts, de s'exprimer avec liberté sur certaines choses: Thémis a l'œil sur Apollon. On peut risquer un peu plus dans un livre, et j'ai usé de cette faculté, mais avec une grande modération. Il y a beaucoup de vérités à dire actuellement, et même de vérités dures ; mais il en coûterait de les risquer toutes. A l'époque où Fontenelle vivait, il fermait volontairement la main pour n'en laisser échapper aucune : il songerait aujourd'hui à Sainte-Pélagie, et ses muscles se contracteraient d'eux-mêmes.

J'ai fidèlement rempli l'engagement que j'avais pris, en publiant le premier volume du Provincial a Paris, de donner dans le second des détails de statistique parisienne. Quatre chapitres, consacrés exclusivement à cette partie intéressante, offriront aux curieux des renseignemens exacts, peu ou point connus. J'ai fait tous mes efforts pour les présenter d'une manière à-la-fois piquante et neuve, et je me suis constamment attaché à écrire pour toutes les classes de lecteurs, mais surtout pour les femmes. On va voir si j'ai réussi.

TABLE

DES CHAPITRES.

Pages.

FIN DE LA TABLE.

LE
PROVINCIAL
A PARIS.

CHAPITRE PREMIER.

LE RENOUVELLEMENT DE L'ANNÉE. *

Laissons aux doctes et aux érudits le soin de décider si le mot *étrennes* vient de *Stréna*, divinité qui présidait chez les Romains aux présens *qu'on n'at-*

* Ce chapitre n'offre qu'une esquisse fort abrégée et très imparfaite de la grande époque

tendait pas ; ou de *Strénia,* déesse de l'activité et de l'ardeur dans le travail : contentons - nous de faire observer que l'étymologie de ce mot serait fausse dans la première des deux suppositions, car les gens qui sont en position de recevoir des cadeaux au renouvellement de l'année, *les attendent* très certainement, et même avec une impatience et une avidité bien dignes de remarque.

Je n'en veux pour preuve que ce qui m'arrive à moi, pauvre diable de

du jour de l'an; le second volume du *Provincial à Paris* paraissant avec les premiers jours de l'an de grâce 1825, j'ai cru qu'il était à propos de consacrer quelques lignes à cette curieuse époque.

provincial, qui ne suis riche que d'expérience, et ne saurais faire de cadeaux sans prendre sur mon nécessaire. A l'approche du jour de l'an, le garçon de mon hôtel et sa femme, qui remplit les fonctions de portière et passe les jours et les nuits dans un espace enfumé de cinq pieds carrés, à l'approche du jour de l'an, dis-je, ce couple généreux a pour moi des attentions qui me charment : ma chambre est mieux tenue, les lettres à mon adresse, que le facteur dépose dans la loge, me sont quelquefois remises avant le surlendemain ; le soir, quand je rentre, on me présente mon chandelier d'un air tout-à-fait affectueux ; enfin je n'ai qu'à me louer des poli-

tesses de ces braves gens ; politesses
qui commencent à la seconde quin-
zaine de décembre , et finissent avec
la première de janvier.

La différence dans les manières est
bien autre chose encore dans les grandes maisons; lorsqu'on arrive à l'é-
poque des étrennes, le ton des laquais
n'est plus le même que pendant tout
le dernier mois de l'année ; c'est précisément ce qui distingue la valetaille
des courtisans, dont la sottise et la
morgue n'ont pas d'intermittence.

Le renouvellement de l'année est
une époque de bonheur pour celui qui
reçoit, de gêne et de dégoût pour celui qui donne. On craint toujours
d'offrir trop ou pas assez. Les remer-

cimens se règlent sur la valeur du
cadeau ; jamais le mot *reconnaissance*
n'est plus souvent prononcé : les bambins le bégayent à l'aspect des joujoux,
les indifférens le murmurent tout bas,
et les bons cœurs le traduisent en actions aimables qui durent toute l'année.

Il règne une grande activité dans
les ateliers et chez les commerçans en
détail pendant les deux mois qui pré-
cèdent le mois de janvier; il se fait
nécessairement moins de grandes affaires et plus de petites; les bijoutiers,
les marchands de nouveautés, ceux
qui fabriquent des jouets d'enfans, et
les confiseurs, s'apprêtent à faire leur
récolte; et pendant que les uns com-

posent leurs marchandises, les autres composent leurs complimens et leur visage.

Le premier janvier est-il arrivé, dès le matin les cadeaux achetés à l'avance ont été offerts par l'époux à sa femme, par la femme à son époux; par les pères, les oncles, les tuteurs à leurs enfans, leurs neveux ou leurs pupilles. Les maîtres ont reçu les félicitations banales et intéressées de leurs valets; l'air retentit d'un concours de vœux que le hasard n'exauce jamais, peut-être afin qu'on les puisse renouveler l'an prochain. On s'embrasse, on se félicite, on se réconcilie; et la vue d'un présent qu'on n'osait attendre, opère quelquefois un changement que ne produiraient pas mille attentions délicates, ni les preuves réitérées d'un attachement véritable : il y a de l'avarice au fond de tous les cœurs.

Dans les rues, l'impulsion est donnée et le mouvement a commencé : on se hâte, on se presse, on se foule de tous côtés; les enfans, conduits ou portés par leurs bonnes, vont visiter les grands parens; les ouvriers courent chez les marchands, les commis chez leurs chefs de bureau et de division ; ceux-ci s'apprêtent à faire antichambre chez l'Excellence dont ils dépendent. Les cochers de fiacre et de cabriolet, qui, ces jours-là, dictent presque des lois à ceux qu'ils conduisent, se croisent, se heurtent,

jurent et font claquer leurs fouets ; si
le temps est mauvais, ce qui arrive
presque toujours, leur importance est
encore augmentée; ils menacent les
piétons, les forcent à se ranger, les
éclaboussent et les injurient.

De toutes parts on rencontre ou des
tambours et des corps de musique qui
donnent bruyamment à un seul particulier une aubade dont profite tout
le quartier, ou des officiers qui vont
en visite, et des gardes nationaux qui
se rendent à leur chef-lieu d'arrondissement. Le passant qui en heurte un
autre ou qui en est heurté, se fâche ;
un colloque s'engage, on se querelle,
on se menace, on se bat, sans songer
qu'un vieux proverbe dit : « Qu'on fera

» toute l'année ce qu'on a fait le pre-
» mier jour. »

Dès midi, on se presse dans les boutiques ; les confiseurs, dont la porte est
gardée par un gendarme, * ont ap-
pelé à leur secours le ban et l'arrière-
ban de leurs parentes et de leurs amies:
vingt demoiselles se disputent, dans
chaque magasin, le plaisir de vous
faire payer cinq francs ce que vous

* On a fait une remarque assez piquante dans
les premiers jours de la présente année 1825 :
presque tous les confiseurs se sont abstenus de
faire garder leur porte par des *bons gendarmes*,
comme ils l'avaient imaginé l'an dernier, et la
foule se pressait devant leurs comptoirs. On
commence à croire, à Paris, qu'il est possible
de s'entendre, et même de s'amuser, sans l'as-
sistance de la force-armée.

auriez eu, quinze jours plus tôt, pour quarante sous. Les sacs de bonbons s'emplissent et se vident incessamment; les acheteurs se succèdent; on se dispute un petit coin de comptoir et l'attention des marchandes; celles-ci, qui n'ont pas de temps à perdre, occupées seulement des intérêts de leurs patrons, sont sourdes aux demandes de rabais sur les prix, et ferment prudemment l'oreille aux propos galans; prières, supplications, rien n'y fait : c'est à prendre ou à laisser.

Pendant ce temps les cartes de visite se remettent chez les portiers, * et

* Pour une somme assez modique, une entreprise se charge de la remise à domicile des cartes de visite : on en viendra à se faire mutuellement

l'on s'inscrit chez les suisses et les concierges ; personne n'est chez soi ou n'y veut être ; on se fait des politesses par procuration, et les souhaits arrivent à leur destination par le canal des domestiques.

Ce brouhaha, ce remue-ménage annuel, ce dérangement des personnes et des choses, dure à-peu-près huit jours ; après cela tout reprend sa place habituelle et son cours ordinaire : les petites haines de famille, les querelles, les discussions intestines, un instant suspendues, recommencent des complimens qui seront soumis à un tarif convenu. Ce moyen aurait cela de bon, qu'il vous épargnerait les accolades dont certaines gens sont si prodigues.

de plus belle; et si la mémoire vous
rappelle encore, une semaine après,
les cadeaux que vous avez faits ou reçus, le cœur ne se souvient plus des
vœux que vous avez formés.

CHAPITRE II.

STATISTIQUE PARISIENNE. — POPULATION.

La population de cette grande cité est portée à sept cent mille *âmes* par les uns, à huit cent mille par les autres ; * la différence est ici d'une importance relative ; en effet, qu'est-ce qu'une centaine de mille personnes ? une bagatelle, un rien. N'en déplaise

* En 1688 (sous Louis XIV), la population de Paris n'était que de 438,000 âmes.

à l'usage, le calcul par *âme* me paraît susceptible d'entraîner les curieux dans une erreur grave : on devrait compter par *individu*. J'en laisserai deviner la raison...

Des états dressés avec soin sur des matériaux soumis à l'autorité, vont nous initier dans la connaissance des mouvemens de la population parisienne. * L'année 1819 est encore bien près de nous; c'est elle qui nous fournira les renseignemens que je soumets au lecteur.

Parlons d'abord des naissances. Un rapport fait à qui de droit, nous ap-

---

* On peut ajouter foi pleine et entière aux détails de statistique contenus dans ce chapitre et les suivans : j'ai puisé aux meilleures sources.

prend qu'elles ont été, pendant le courant de l'année précitée, de *vingt-quatre mille trois cent cinquante-deux*, dont douze mille quatre cent douze enfans du sexe masculin, et onze mille neuf cent quarante du sexe féminin. On voit tout de suite que le nombre est à l'avantage des hommes; ce qui doit, au premier coup-d'œil, rassurer les mères qui craindraient de manquer de maris pour leurs filles.

Dans ce nombre de vingt - quatre mille trois cent cinquante-deux enfans, se trouvent compris huit mille six cent quarante-un petits malheureux nés hors du mariage, et dont quatre mille deux cent soixante-dix-huit ont vu le jour dans les hôpitaux;

ce qui réduit le nombre des enfans légitimes à quinze mille sept cent onze. Il en faut bien inférer que le libertinage et la misère, sans avoir fait d'horribles progrès *depuis la révolution,* comme on cherche à le faire croire, se sont tenus à la hauteur, ou presque à la hauteur de cet *ancien régime,* l'objet de tant de regrets de convention.

Tout le monde sait que Paris est divisé en douze mairies ou arrondissemens; le nombre des naissances, dans chacun de ces arrondissemens, varie peu d'une année à l'autre, mais il s'en faut de beaucoup qu'il soit à-peu-près égal dans tous : les 5e., 8e. et 9e.* sont

* Le faubourg Saint-Antoine forme, à lui seul, un arrondissement, le 8e. Presque tous

les seuls où l'on ait compté des enfans
nés hors du mariage, et la disproportion des naissances illégales est ex-

les gouvernemens qu'on a vus se succéder depuis
la prise de la Bastille (celui de Napoléon excepté), se sont beaucoup occupés du faubourg
Saint-Antoine, dont la population immense est,
à cause de sa pauvreté, singulièrement *impres-
sionnable*. On cherche à faire croire que les
faubouriens (comme on les appelle) sont plus
dévoués encore que les *citadins* : selon moi,
cela n'est pas plus certain qu'il n'était vrai qu'on
les voyait toujours prêts à mettre Paris à feu et
à sang aux époques les plus affreuses de notre
révolution : le fait est qu'on les agitait aisément
avec un peu de numéraire. Je ne crois pas qu'on
puisse aujourd'hui, par le même moyen, les porter à tel degré d'exaltation qu'on les jugerait nécessaire.

2.

traordinaire entre les uns et les autres
de ces derniers : trente enfans seulement ont été exposés dans le 5e. arrondissement; l'autorité en a recueilli
quatre - vingt - trois dans le 9e.; et
dans le faubourg Saint-Antoine, qui
forme à lui seul presque tout le hui-
tième arrondissement, il s'est trouvé,
pendant une seule année, que le nombre des enfans nés hors du mariage
s'est élevé jusqu'à *quatre mille cent
soixante-trois*. La disproportion est
vraiment incroyable. On fait sonner
bien haut, depuis quelque temps ,
les bons sentimens et le dévouement
sans bornes des habitans plébéiens de
ce faubourg populeux. Il paraît que
c'est en travaillant avec une prodi-

gieuse activité à la propagation de l'espèce humaine, que l'on manifeste dans ce quartier son amour pour nos rois; rien de mieux; mais il reste à légitimer le zèle des propagateurs, en le faisant tourner au profit du lien conjugal. Il ne suffit pas, dans l'intérêt des mœurs, qu'on fournisse des sujets au trône, il faut que leur naissance soit légitime comme le trône lui-même.

Le nombre des mariages s'est élevé (toujours pendant l'an de grâce 1819) à *six mille deux cent quarante-six :* cinq mille trente-cinq ont été contractés entre garçons et filles; six cent soixante-onze veufs, *profondément affligés* de la perte de leur première femme , en ont pris une seconde ; et cinq cent quarante *veuves inconsolables* se sont engagées de nouveau sous la bannière de l'hymen. Remarquons, en passant, qu'il s'est remarié plus de veufs que de veuves, ce qui prouve incontestablement que les femmes sont plus constantes que les hommes. La balance de la fidélité pencherait donc, à Paris, en faveur du beau sexe marié.

Passons maintenant aux décès , puisqu'il faut toujours finir par-là. Il est mort, pendant le même espace de temps , vingt-deux mille six cent soixante-onze personnes , dont onze mille cinquante hommes, et onze mille six cent vingt-une femmes. La faux

cruelle de la mort s'est appesantie sur
la plus belle partie de la population.
On a remarqué que les mois pendant
lesquels il meurt le plus d'habitans de
la capitale , sont ceux de mars et d'a-
vril. En août, et surtout en juillet, on
résiste bien mieux à l'implacable mort.
Ces deux mois sont un temps de morte
saison pour cette pauvre administration des Pompes Funèbres. *

* Je n'apprendrai rien de nouveau à messieurs
les provinciaux, en leur disant qu'il existe à
Paris une entreprise des *Pompes Funèbres,* où l'on
se charge de l'inhumation de toutes les personnes
qui laissent de quoi se faire enterrer ; par le
nombre des morts, on peut juger des produits
immenses que procure l'exploitation d'une pa-
reille branche d'industrie : l'administration a

Trois cent soixante-seize suicides ont été constatés dans le court espace d'un an : deux cent cinquante hommes et cent vingt-six femmes ont volontairement mis fin à leurs jours. Le poison en a fait mourir douze , dont cinq hommes *et sept femmes*. Le lit de la Seine a reçu les cadavres de cent quatre-vingt-huit malheureux des deux sexes ; cinquante-quatre infortunés se sont fait des blessures mortelles

des douleurs à tous prix. L'entreprise des Pompes Funèbres rapporte beaucoup au gouvernement, qui perçoit un droit énorme; et le moment n'est pas éloigné, peut-être, où il prendra cette entreprise à son compte. Il fera bien : ce sont les morts qu'on pressure, et les morts ne réclament jamais.

avec des armes tranchantes ; vingt-un sont morts par la strangulation. Le charbon en a fait périr trente-un ; enfin trente-quatre sont morts par suite de coups de feu.

On fait compte que des passions amoureuses contrariées, ont entraîné vingt-cinq personnes au tombeau. *La crainte des reproches* en a conduit douze au même but. *Le dégoût de la vie* en a décidé cent seize à se détruire. L'inconduite a causé la mort de cinquante-deux misérables ; enfin, de l'aveu même de l'autorité, *quatre-vingt-treize employés*, la plupart pères de famille, ont attenté à leurs jours, par suite du désespoir que leur a occasionné *la perte de leurs places.*

Quatre-vingt-treize pères de famille enlevés à leurs enfans, pour satisfaire aux caprices de quelque obscure Excellence !!! O vous qui tremblez à la seule idée de la perte de vos honneurs, perte qu'on indemnise plus que suffisamment avec de l'or, songez-y bien !

CHAPITRE III.

LES COCHERS DE FIACRE ET DE CABRIOLET.

A mon arrivée à Paris, je croyais bonnement, moi provincial indigne, que les voitures de place avaient été instituées dans l'intérêt du public et pour la commodité des gens qui veu-lent faire marcher de front leurs occupations et leurs plaisirs; mais aujour-d'hui que l'expérience m'éclaire, il

T. II.   3.

s'en faut de beaucoup que je pense encore ainsi. Donnez-vous la peine d'in-
terroger un cocher de fiacre, et surtout un cocher de cabriolet ; il vous
prouvera que vous devez vous estimer
très heureux qu'il veuille bien consentir à vous faire voyager, pour votre
argent, dans les rues de la capitale. *

* Les voitures de place se prennent à l'heure
ou à la course : le prix d'une course de cabriolet
est de un franc vingt-cinq centimes ; celui de la
course d'un fiacre est de un franc cinquante
centimes. La première heure se paie un demi-
franc de plus que les autres, pour les fiacres ; un
quart de franc pour les cabriolets. C'est ce qu'ils
appellent *la taxe.* Parler de *la taxe* aux cochers,
et rappeler aux ministres qu'il existe une *Charte,*
c'est s'exposer à être mal mené par les uns et
les autres.

En effet, il ne faut que regarder
autour de soi pour se convaincre de
cette vérité, que l'intérêt particulier
se met partout à la place de l'intérêt
général. Des stations distinctes ont été
assignées aux uns et aux autres de ces
cochers ; le nombre des voitures de
place est prodigieux ; on sait très bien
où et comment se les procurer ; personne enfin n'ignore que les prix sont
fixés par ordonnance de police, et
qu'on se montre inflexible à la Préfecture ou ailleurs envers les cochers
réfractaires. Eh ! bien, que le soleil
darde ses rayons, qu'on n'aperçoive
pas la moindre apparence de pluie, et
que, par suite de la chaleur ou du
froid, le pavé soit sec et tout chemin

praticable , on trouve tous les cochers
à leur poste ; il n'est pas une place
qui ne soit encombrée de voitures.
Polis et prévenans à l'excès, ils pro-
voquent les passans, leur offrent des
services toujours intéressés, et quelquefois même ils arrêtent un honnête
bourgeois pour lui proposer, malgré
lui, de le transporter où bon lui sem-
blera..... Mais que le ciel se couvre de
nuages, que quelques gouttes d'eau
aient fait ouvrir les parapluies, qu'on
ait signalé les symptômes d'un orage,
et la scène change subitement. Tous
les cochers désertent les places à-la-
fois avec leurs voitures ; ils se répan-
dent dans les rues en *maraudeurs*, et
ne répondent qu'avec dédain aux som-

mations qui leur sont faites par les passans qui se mouillent et qu'ils rançonnent à leur gré.

Il faut alors, quoi qu'on en ait, entrer en arrangement avec eux ; car on sait que nul n'a le droit de faire marcher contre sa volonté un cocher qui n'est pas stationné sur une place. La première question qu'ils vous adressent tous est celle-ci : *Est ce pour une course ?* L'affirmative les décide à vous ouvrir la portière ; dans tout autre cas, ils fouettent leurs chevaux et passent outre avec la dernière effronterie. Ce sont surtout les conducteurs de cabriolet qui vous reçoivent de cette manière ; les cochers de fiacre sont de meilleure composition ; il se peut que

3...

l'action de l'autorité se fasse plus immédiatement sentir sur ces derniers.
S'il en est ainsi, l'autorité a raison.

Lorsqu'un cocher, pris sur la place
par un mauvais temps, est forcé de
marcher à l'heure, rien n'égale son
humeur maussade; il jetterait volon-
tiers en bas de son cabriolet le passant
qui vient de s'y installer en vertu de
l'ordonnance. Alors il exprime tout haut
son mécontentement, et tient toujours
toute prête une histoire d'*un maître*
qui l'a fait courir inhumainement
pendant une demi-journée, et ne l'a
payé qu'*à la taxe;* il exagère les inconvéniens de son métier, se plaint de
la dureté, de l'avarice *des loueurs;* il
dit qu'il ne possède pas encore le quart

de la somme qu'il doit rapporter *à son bourgeois*, et retient les rênes de son cheval, dans le cas où celui-ci aurait par hasard la velléité d'aller plus vite que le pas. Il est rare que la patience n'échappe pas au triste voituré; pour peu qu'il ait des affaires à terminer, il se plaint de l'allure du cheval, qui le désespère par sa lenteur; les doléances du cocher redoublent en l'écoutant; et, pour y mettre fin, *le maître* promet un bon *pour-boire*, et consent à se laisser rançonner : c'est ce qu'on voulait.

Si le maître qu'on vient *de charger* * impose au rusé cocher par la

* Les mots écrits en italique sont techniques.

recherche de son costume ou l'élégance de ses manières ; si le phaéton
suppose qu'il est généreux, il raconte
des histoires d'un genre tout - à - fait
opposé : c'est un monsieur qu'il vient
de conduire, qui lui a donné cinq
francs pour moins de deux heures, et
dix sous par-dessus le marché. Aussi ,
dit-il ensuite, il est sur les dents ; son
cheval n'en peut plus ; il a couru si
vite !... Au moyen d'un coup de fouet
donné à propos, on sonde les inten-
tions de son auditeur ; et, s'il se prononce, on le conduit, comme par
grâce, tout juste aussi lestement qu'il
serait en droit de l'exiger en ne payant
que le prix de la taxe.

Il est impossible d'imaginer à quel

degré d'insolence arrivent quelquefois
les cochers de cabriolet, particulièrement lorsqu'ils sont ivres, ce qui leur
arrive trop souvent. Si, comme cela
se voit, le cabriolet leur appartient,
cette insolence n'a plus de bornes;
rien ne les retient; pas même la crainte
d'être arrêtés et mis *en fourrière :*
agens de police, commissaires et gendarmes, ils envoient tout au diable.
Une bonne leçon parvient cependant
à les rendre plus sages; mais ce n'est
jamais que pour quelques jours. Le
plus prudent est de se taire, de prendre leur numéro, et de porter plainte;
l'autorité ne les ménage pas.

Beaucoup de ces messieurs aiment à
parler et plus encore à faire causer;

il faut être en garde contre une intem-
pérance de langue qui n'est souvent
qu'un calcul... La police trouve tous
les moyens bons. Ces nombreux inconvéniens n'empêchent point de rencontrer parmi les cochers de très honnêtes gens et même des hommes probes
et délicats. Là comme ailleurs les bons
sont en minorité.

La fidélité des cochers de place a
souvent été signalée par les feuilles
publiques. Vingt traits, qui font leur
éloge, attestent qu'une belle âme peut
très bien se trouver sous les dehors les
plus grossiers.

CHAPITRE IV.

UNE SOIRÉE BOURGEOISE.

Un de mes arrières-cousins, que j'ai rencontré par hasard et qui, pour me prouver qu'il est bien de la famille, m'a remis charitablement sous les yeux l'histoire des malheurs de mon père et celle des fautes de ma mère, m'a contraint plutôt qu'invité à l'aller voir un jour. C'est un ennuyeux dans la force du terme, un fâcheux oublié par Molière.

Mon cousin est employé dans les droits-réunis ; il *gagne* deux mille quatre cents francs par an, en réduisant à l'état de *trognon* les plus belles plumes de l'administration, en gâtant chaque jour cinq ou six belles feuilles de papier *à tête*, en étourdissant ses collègues de son bavardage, et le sous-chef de sa division des assurances de son dévouement. En dépit de celles qu'il m'a données de l'invariable pureté de ses opinions, je trouve dans mes souvenirs qu'il a fréquenté longtemps la société populaire de Saint-Pourçain, ma ville natale et la sienne, et passé pour un des plus chauds partisans de l'*Ogre de Corse*, avant de

s'être distingué à Nîmes vers la fin de
1814, sous les ordres de M. de Tres-
taillon.

Après les événemens de la seconde
restauration, mon cousin n'était qu'ex-
péditionnaire à cent francs par mois;
il vint à Paris, se vanta beaucoup, ne
fut avare ni de pétitions, ni de visites,
ni de courbettes, et parvint à se faire
donner la place d'un brave homme,
qu'il dénonça, et qui prit la chose tellement au sérieux, qu'il en mourut.

La famille de mon cousin se compose d'une femme *très comme il faut*,
si l'on en croit ses propres assertions;
de deux filles qui ressemblent beaucoup à leur mère, et d'un grand fils
qui ne ressemble point à mon cousin.

On cherche une place pour le garçon
et des maris pour mesdemoiselles ses
sœurs; c'est ce qui engage ma cousine
à donner tous les quinze jours, en hiver, *une soirée,* où l'on invite de préférence les jeunes gens à marier et les
célibataires. Voilà ce qui me valut,
très probablement, l'honneur que me
fit mon cousin de me distinguer dans
la foule de ces derniers.

Cette intéressante famille occupe la
moitié du quatrième étage d'une maison de la rue Saint-André-des-Arcs ou
des-Arts, ce qui n'empêche pas le père
de dire partout qu'il habite le faubourg Saint-Germain, à cause de la
réputation dont jouit ce noble quartier. On a fait choix du jeudi pour re-

cevoir, et les parties commencent à sept heures. C'est la chambre à coucher qui tient lieu du salon de compagnie : une alcôve, où est placé le lit conjugal, est adroitement dissimulée par une porte à deux battans, devant laquelle on met, les jours de réception, un canapé de velours d'Utrecht rouge. Le reste de l'ameublement était autrefois de la couleur du canapé ; mais les enfans y ont mis bon ordre.

Lorsque j'entrai pour la première fois chez mon cousin, je remarquai, sans surprise, dans l'antichambre, qui est en même temps la salle à manger, et devient chaque soir la chambre à coucher de mon petit cousin, je remarquai, dis-je, un énorme buste en plâtre, et la collection complète des portraits d'une auguste famille. *

Ne pensant pas, tout provincial que je suis, que *ta soirée* dût commencer avant neuf heures, je n'arrivai qu'à neuf heures et demie : il y avait long-temps qu'on s'amusait. Deux tables de boston, près desquelles étaient assises huit personnes d'âge et de sexe diffé-

---

* Il serait à souhaiter que l'exemple de mon cousin fût suivi par un plus grand nombre de personnes : souvent on hésite à émettre son opinion, dans la crainte de choquer celle des gens qui vous reçoivent. Les bustes préviennent tout quiproquo; ils donnent la mesure exacte du degré de dévouement de ceux qui les possèdent; cela signifie : je serai fidèle à ces images révérées, jusqu'à ce que la force des circonstances m'oblige à les remplacer par d'autres.

rens, occupaient une bonne partie *du
salon.* On se chamaillait très haut à
l'une des deux tables lorsque j'entrai.
J'appris bientôt que c'était à l'occasion du paiement *d'une grande misère en cœur* que venait de perdre
une petite dame à besicles, dont j'a-
vais eu le temps de remarquer l'air
revêche. Tous les joueurs lui deman-
daient cent vingt fiches ou six *ronds,*
et la dame, en colère, soutenait qu'elle
n'en devait que la moitié. Avant de me
donner le temps de poser mon chapeau, on me consulta sur le diffé-
rend, et je pris la liberté de dire qu'il
était plus sage et plus simple à-la-fois
de s'en rapporter *à la carte des paie-
mens.* Vous avez raison, s'écria mon

cousin ; par malheur nous n'en avons pas : il y a deux mois au moins que je dis à ma femme de s'en procurer une ; et la discussion recommença. La petite dame soutenait qu'on voulait lui faire payer le coup qu'elle venait de perdre, comme *au picolo* et *au boston de Fontainebleau* ; ses adversaires s'échauffaient et menaçaient de jeter les cartes sur la table.

Un gros monsieur qui jusque - là n'avait pas pris part à la discussion, veut se lever de table ; en se reculant, un des pieds de sa chaise va se placer sur le pied de son voisin qui jette un grand cri et prononce un juron énergique ; le gros monsieur veut se retirer de côté, il trébuche et va tomber dans

les bras d'une *bergère* sur laquelle dormait Thisbé, la petite chienne de ma
cousine; Thisbé, qu'il étouffe, laisse
échapper un gémissement qui retentit
aussitôt dans le cœur de la maîtresse
du lieu. Elle se lève avec effroi, apos-
trophe la masse humaine qui opprime
sa chère Thisbé, la repousse de côté
et prend l'animal dans ses bras : celui ci ne voit pas plutôt qu'il est l'objet des soins de sa maîtresse, qu'il re-
double ses gémissemens; mes deux
cousines, qui jouaient à *pigeon vole*
dans un coin de la chambre avec deux
amis de leur frère et la fille du gros
monsieur, accourent auprès de leur
mère éplorée, et mêlent leurs plaintes
à l'expression de ses regrets. Cepen-

dant le gros monsieur, sentant la faute
qu'il a commise et voulant la réparer
en homme de société, s'approche doucement de Thisbé, tire de sa poche
un des cinq morceaux de sucre de sa
demi-tasse de café, qu'il a mis en réserve, selon sa coutume, et le présente
à Thisbé. La pauvre bête met trop
d'avidité à le saisir, et mord jusqu'au
sang le généreux donataire, qui fait
une grimace horrible. Ce nouvel acci-
dent désarme ma cousine ; elle oublie
le chagrin qu'elle ressent, et fait, au
nom de Thisbé, des excuses au gros
monsieur, qui veut bien entendre raison. On se calme alors, on se remet
en place, et les parties recommencent.

Profitant de ce moment de tranquil-

lité, mon cher cousin me présente à
sa femme, à ses filles, à son fils et à
deux ou trois personnes qui ne jouaient
pas; la conversation s'engage; on a
soin de parler à demi-voix pour ne
pas troubler les joueurs; mais bientôt
l'ennui vient nous assaillir, et chacun
cherche à dissimuler ses bâillemens.
Au bout de quelques instans, mon
cousin, qui s'en est aperçu, a l'air de
se raviser et me propose un *écarté*.
« Tu sais bien, lui répond pour moi
ma cousine en lui faisant un signe,
que nous n'avons plus de table. — Et
celle de la voisine d'ici dessus? — Mon
Dieu ! ne sais-tu pas que c'est aujour-
d'hui sa soirée : elle reçoit. — Eh !
bien, dit gaîment le cher cousin,

donne-nous la petite table de travail
de ces demoiselles. » Le jeune homme,
qui a entendu ces dernières paroles,
disparaît, et revient bientôt avec un
petit meuble de femme en bois de
chêne et à grands rebords, qui n'avait
pas tout-à-fait trois pieds d'élévation ; *
il le couvre d'un morceau de serge
verte, et nous donne un jeu de cartes
dont ces demoiselles se servent habituellement pour jouer à *la bataille*.

« Aimez-vous à jouer gros jeu? me
demande mon cousin. Je réponds né-
gativement. « Cela étant, nous n'ex-
poserons que cinq sous. » A propos ! dit-
il ensuite, et des jetons ? Coco, donne-

---

* Apparemment une espèce de *bonheur du jour*.

nous des jetons. (Coco était le fils de
la maison.) — Tu sais bien, papa,
que nous n'en avons pas. — Te voilà
bien embarrassé !... n'y a-t il pas de
vieilles cartes, nous les couperons. »
Les obstacles une fois aplanis, je commence une partie avec mon cousin,
qui me gagne en un instant tout ce que
je possédais de petite monnaie. Le jeu
ne m'amusait pas ; la chaleur était excessive ; nous étions dix-huit, sans
compter Thisbé, dans une fort petite
chambre. « Auriez-vous besoin de vous
rafraîchir? me dit ma cousine qui
s'était approchée de moi : Aménaïde ,
offrez des rafraîchissemens. » Aménaïde obéit et revient avec deux assiet-
tes chargées de verres d'*eau rougie* et

d'eau sucrée; elle m'en présente un :
je fais choix d'un verre au fond duquel
j'aperçois une espèce de poussière jaunâtre ressemblant beaucoup à de la
cassonnade. Au moment où je le porte
à mes lèvres, ma cousine me retient
le bras et dit à haute voix : « Mon Dieu!
Aménaïde, que vous êtes bête! —
Qu'ai-je donc fait, maman? — Ne le
voyez-vous pas, petite sotte : une paille
dans le verre de Monsieur. » En disant
ces mots elle y plonge le petit doigt,
en extrait effectivement un corps étranger, et me présente mon verre en ac-
compagnant cette faveur du sourire le
plus affectueux.

On en était là des plaisirs de la soirée, lorsqu'une voix cassée ayant de-

mandé s'il était tard, une autre répondit : Dix heures. Dix heures ! s'écria-
t-on de toutes parts; je ne serai pas
rentré avant onze. Chacun alors parla
de se retirer, et les joueurs de boston
commencèrent le règlement de leurs
comptes. J'appris qu'il s'était perdu
environ cinq francs et dix sous aux
deux tables : mon cher cousin m'en
avait gagné un peu plus à lui seul.
Pendant qu'il m'en faisait, en riant,
des excuses, quelques personnes, plus
pressées que les autres, s'étaient reti-
rées ; de ce nombre était le gros monsieur qui avait donné un si rude assaut
à la pauvre Thisbé. Quand je me tournai pour prendre mon chapeau, je
n'en aperçus qu'un seul sur une chaise,

et qui n'était pas le mien. Voyant mon embarras, le fils de la maison, l'intéressant Coco, sortit en courant, puis je le vis rentrer avec mon chapeau. J'appris que le gros monsieur, encore tout troublé de la scène de la bergère, avait pris mon feutre élégant, qui était neuf, et m'avait laissé le sien qui ne l'était plus.

CHAPITRE V.

LES DOMESTIQUES.

Notre eunemi, c'est notre maître.

Cette maxime est gravée profondément dans le cœur de presque tous les
êtres que le sort a condamnés à passer
leur vie dans la domesticité; partout
les valets sont en état d'hostilité per-

manente envers leurs maîtres. Il y a
en nous quelque chose qui nous crie
que les hommes sont égaux; c'est ce
quelque chose qui nous fait haïr les
ambitieux, les oppresseurs, et qui
nous met constamment en garde contre l'affection qu'on serait tenté de
porter au pouvoir, à tout ce qui s'est
déclaré au-dessus de nous.

La classe des domestiques mâles se
subdivise à Paris en hommes de confiance, valets de chambre, laquais et
palfreniers ; * les femmes de charge,

---

* Les cochers de bonne maison ont la prétention de ne point faire partie de la valetaille. La
seule chose qui les assimile à la classe des valets
est, selon eux, l'habit de livrée. En effet, cela ne
signifie rien : tous les courtisans portent la livrée

les femmes de chambre, les cuisinières
ou *les bonnes*, et les bonnes d'enfans,
composent la classe féminine. Ce personnel, réuni à celui des portières et
des portiers, forme une ligue dont tous
les efforts tendent à se venger des maîtres. Par malheur pour ces derniers,
les moyens de vengeance sont nombreux, et tous sont employés : heureux
les maîtres qu'on punit de leur supériorité sociale en se contentant de les
vouer au ridicule ! Il est généralement
reçu dans les antichambres, les cuisines et les *loges*, qu'on doit, autant que
possible, partager avec celui qu'on
sert.

de leur maître, et l'on sait bien qu'ils ne sont pas
ses valets !

5..

Il s'établit, dans chaque maison un peu considérable de la capitale, une espèce de ligne télégraphique qui, partant de la loge du portier et passant chez tous les locataires, va se perdre dans les mansardes. La transmission prompte à tous les étages, dans toutes les cuisines, des nouvelles de la maison et de celles du quartier én est le but ; les valets en sont les agens et les moyens. A de certaines heures du jour et pendant la soirée, des conciliabules sont improvisés par les allans et les venans ; chacun apporte là une masse de faits qu'on commente, ou des conjectures qu'on élabore avec soin.

C'est à ces redoutables tribunaux que sont cités les vices, les travers et les défauts de chaque habitant de la maison qui, par sa ténuité, ne trouve pas le moyen d'échapper aux inquisiteurs de ce saint-office d'envieux. Le riche locataire du premier, le fonctionnaire du second, la belle dame du troisième, et tous les autres, sont jugés là : ils comparaissent à leur insu, et sont condamnés par contumace.

Vous croyez échapper aux remarques curieuses, aux fausses interprétations, aux questions indiscrètes, aux conjectures hasardées, en évitant de parler devant vos gens des affaires que vous voulez tenir secrètes : vain espoir ; on vous devine, ou la moindre chose vous trahit. On l'a dit : il n'est pas de héros pour son valet de chambre.

Il y a dans Paris des domestiques à
tout prix ; beaucoup se font payer très
cher ; bien peu gagnent leur argent.
Les bonnes cuisinières, celles qu'on
désigne par le nom générique de *cordons bleus*, ont quelquefois *du talent*
et toujours des prétentions outrées.
Un bon domestique mâle est ce qu'il y
a de plus rare ; il faut, pour aider le
développement des belles qualités dont
il se trouve doué, le laisser jouir d'une
sorte de liberté sage ; mais on court
alors le risque d'être volé, trahi,
conspué.

Les valets de grande maison ont fait
de sensibles progrès sous le rapport de
la politesse ; la plupart des portraits
qu'on en trace à la scène sont faux ou

chargés. Rarement ils sont admis dans l'intimité de leur maître, et rien n'est moins commun qu'un valet qui régente l'homme qu'il sert, et cause familièrement avec lui. Il serait temps que messieurs les auteurs dramatiques renonçassent à nous faire la peinture de ces Frontins imaginaires qu'on ne trouve que dans leurs pièces.

Autrefois un domestique nombreux était de rigueur ; ce luxe est, encore à présent, celui des étrangers, et particulièrement des Russes. On n'a maintenant que le strict nécessaire en valets de toute espèce, et l'on fait bien. Le modeste piéton rit de la bonhomie de certaines vieilles têtes diplomatiques qui se croient obligées de faire

traîner à leur suite sur les boulevards,
par les chevaux de leur équipage, *un
chasseur*, *un hussard*, et deux ou
trois valets en livrée. On doit aux
Anglais quelques améliorations de ce
genre : la philanthropie de ces bons
insulaires est poussée à ce point que
le laquais qui monte derrière leur voiture est commodément assis, tandis
que les femmes de chambre, placées
à côté du cocher, même en voyage,
sont exposées au soleil et à la pluie.
Trop de gens irréfléchis font la faute
de se mettre à la discrétion de leurs
valets, en se laissant voir sous de fâcheux aspects : n'oublions jamais que
ce sont des juges sévères de toutes nos
actions. Faire une confidence à son

valet, c'est se mettre à la merci de toute la ville, en province ; à celle de son quartier si l'on habite Paris. Il faut bien se garder aussi de recevoir leurs aveux ; celui qui rit avec vous du voisin ne vous ménagera pas quand l'occasion s'en présentera.

On disait jadis, en parlant des valets, *la livrée;* cette dénomination ne s'entendra plus dans quelques années ; jadis on les chamarrait de mille couleurs; de simples galons au collet, des boutons au chiffre du maître, un dessous d'une couleur écarlate, les distinguent aujourd'hui.

L'ignorance des laquais en général est beaucoup moins profonde ; il n'est pas rare de voir le jokey d'un agent-de-

change ou d'un homme d'affaires feuil-
letant la brochure du jour, tandis que
son maître est à la Bourse.

Les cochers eux-mêmes, les cochers
qu'on ne citait guère que pour leur
ivrognerie et leur rusticité, charment
par des lectures les longues heures de
loisir que leur laisse le service assez
pénible qu'ils font dans les rues : placés le soir sur leur siège, qu'ils ne
quittent pas pour le cabaret, ils lisent
à la lueur des lantèrnes de la voiture
de leur maître, pendant que celui-ci
suit un cours de morale à l'Opéra.

Des hommes qui spéculent jusque
sur la misère de ceux qui composent
les dernières classes de la société, ont
imaginé *des bureaux de placement*

pour les domestiques, à l'instar de l'agence matrimoniale du fameux M. Williaume , où l'on paie bien cher des promesses qui restent sans effet. Alléchés par de fastueux prospectus, une cuisinière renvoyée pour ses méfaits, un domestique chassé honteusement pour avoir trahi la confiance de ses maîtres, vont s'adresser, en désespoir de cause , à des intrigans qui leur font rendre gorge ; c'est là le cas de dire : ce qui vient de la flûte retourne au tambour.

Je ne finirai pas ce chapitre sans signaler à la publique attention la coupable négligence des Parisiens : il est d'usage à Paris, alors qu'on congédie un domestique, de lui délivrer une

6

espèce de certificat; cette pièce, qui
aide celui-ci à trouver une honorable
condition, devrait être rédigée en conscience; il serait naturel qu'on se fît
une loi de ne tromper personne. Par
malheur il n'en est rien : on se con-
tente de renvoyer simplement un domestique qui a prévariqué, et, pour
ne le pas perdre (c'est la phrase consacrée), on lui laisse la facilité « d'al-
» ler se faire pendre ailleurs. »

CHAPITRE VI.

COMITÉS DE LECTURE DES THÉATRES.

LES plus sages institutions finissent
toutes par péricliter : il était naturel et
juste à-la-fois que les directeurs de
spectacle, à qui le brevet d'exploitation d'un théâtre ne donne pas la
science infuse, se fissent éclairèr par
des gens de lettres dans le choix des
pièces qu'ils voulaient faire représenter ; il était juste et naturel que le
seul caprice ne décidât pas de l'adop-

tion ou du refus d'un ouvrage admis
à l'examen. Chaque directeur fut
donc obligé, dans le principe, d'en-
gager un certain nombre de personnes
de sa connaissance à l'assister dans
les importantes fonctions de juge, et
c'est ainsi que se sont formés les aréo-
pages comiques qu'on appelle aujour-
d'hui *comités de lecture*.

C'est aux lumières de ces comités
que sont soumises toutes les pièces de
théâtre, depuis l'Académie royale de
musique jusqu'au petit spectacle que
dirige le physicien Comte. * Le nom-.

* Ce spectacle est situé dans le passage dit
des *Panoramas*. M. Comte, qui est un habile
prestidigitateur, prend le titre assez plaisant de
Physicien du Roi. La classe de physique de l'Ins-

bre des membres varie selon la volonté
du directeur; quelquefois il est de
quinze et même de vingt; le jury de
l'Ópéra se compose de deux douzaines
de connaisseurs au moins. Là seulement il est partagé en deux sections :
le jury d'examen , pour ce qu'on appelle assez plaisamment *le poëme* ,
c'est-à-dire la pièce proprement dite ,
et le jury musical ; cette seconde sec-
tion se compose de musiciens et d'artistes , qui n'ont à prononcer que sur
le mérite des partitions.

titut de France doit trouver au moins singulier
qu'un escamoteur s'intitule ainsi. Le physicien
Comte est le directeur d'une petite troupe d'enfans fort intéressans, et qui jouent de petites
moralités à la portée de l'enfance.

6.

Le comité du Théâtre-Français n'est formé que des *acteurs-sociétaires*. On y admet, par faveur spéciale, une espèce de commissaire qui a voix délibérative, pour la forme, et qui, s'il veut vivre en paix, doit être absolument à la discrétion de ces messieurs et surtout de ces dames.

Il en était de même à l'Opéra-Comique, avant que le gouvernement donnât un Directeur à ce théâtre. Aujourd'hui, le comité de lecture est composé, comme tous les autres, de gens plus ou moins dévoués à l'administration. Celui de l'Odéon, ou second Théâtre-Français, est taillé sur le même patron ; on y compte quelques hommes de mérite qui votent de bonne foi,

refusent ce qui leur semble mauvais,
acceptent ce qui leur paraît bon, ou
s'abstiennent, dans de certains cas,
de donner leur avis.

En général, la prévention et l'esprit
de coterie remplacent en plus d'un lieu
les lumières et l'impartialité ; tous les
théâtres sont, plus ou moins, sous
l'empire du monopole : chacun d'eux
a ses fournisseurs en titre , qu'on
reçoit à l'exclusion des auteurs qui
n'ont que du mérite. * Il est à-peu-
près inutile de se présenter, si l'on n'a
pas eu le soin préalable d'entretenir
des intelligences dans la place : appor-
tassiez-vous un chef-d'œuvre, il serait

* Ceci s'applique surtout aux petits théâtres.

refusé, si les intérêts du monopoleur en titre ou le caprice de la direction s'opposaient à son adoption définitive.

Les comités de lecture s'assemblent une ou plusieurs fois par semaine ; ils sont convoqués à domicile par les soins du secrétaire du comité, lequel est ordinairement un personnage à la dévotion du directeur ; quelquefois il a voix délibérative ; il vote alors dans les yeux de son chef de file : on sent bien qu'il n'ira pas s'exposer à quelque disgrâce en jugeant selon sa conscience. Un directeur adroit a soin de se former une majorité compacte et dont il dispose à son gré. * Le modèle d'une sembla-

* On cite un auteur qui s'est fait, dans le comité du théâtre pour lequel il travaille presque

ble majorité se retrouve en certaine assemblée où l'on discute des intérêts bien autrement chers et bien autrement sacrés.

Rien de plus hétéroclite que la composition de quelques comités : je connais tel aréopagiste qui serait bien embarrassé s'il lui fallait assembler deux phrases raisonnables, rimer un couplet ou motiver un refus par écrit. Il en est qui font des fautes de français

exclusivement, une majorité composée de ses condisciples, parens, amis ou connaissances; quelquefois il leur laisse une sorte de liberté; mais, dans les grandes occasions, les mesures sont tellement prises, qu'ils doivent voter dans l'intérêt du maître dont ils ne sont guère que les affranchis, ou s'exposer à encourir sa disgrâce.

et même d'orthographe en rédigeant
leurs bulletins ; il est vrai que , pour
leur défense , ils seraient en droit de
dire que beaucoup d'auteurs dramatiques ne sont pas plus forts qu'eux sur
cet article.

Le plus audacieusement partial des
comités de lecture de tout Paris, est,
sans contredit, celui du théâtre de
MADAME : quelque prodigieux que soit
le nombre des pièces jouées à ce théâtre depuis sa fondation, il ne compose
pas la dixième partie de celles qu'on y
a lues et qui ont été refusées. Il est superflu d'aspirer à se faire recevoir plusieurs fois de suite, si l'on ne s'est pas
adjoint l'heureux, le fécond, le spirituel M. Scribe : un acte notarié porte,

dit-on, que cet auteur ne devra pas fournir moins de vingt pièces par année; une prime en argent lui est accordée pour chaque lecture qui dépasse ce nombre. A de longs intervalles, le comité livre passage à quelques pièces qu'on ne laisse pas réussir, et qui servent d'ombre au tableau de la solide gloire de l'Atlas du théâtre dont nous nous occupons.

Le comité de lecture du théâtre de la Gaîté est, après celui du Vaudeville, un des plus amusans de la capitale: il se compose invariablement de trois têtes qui, pour le coup, sont bien dans le même bonnet; madame Bourguignon,*

* Madame veuve Bourguignon, directrice privilégiée du théâtre de la Gaîté, est une demoi-

la directrice, en est l'âme; après elle vient M. Frédéric, auteur non lettré et régisseur en chef; puis enfin, un jeune auteur de fractions de pièces, qui se lit, se reçoit et se fait jouer des mélodrames et des vaudevilles.

Au théâtre de la rue de Chartres (*le matin Vaudeville*), on voit siéger une bonne grosse douzaine de gais troubadours, dont les âges réunis ne forment pas moins de sept cents ans. Tous ferment les yeux aussitôt que la lecture est commencée, afin sans doute de n'être pas distraits par les objets extérieurs, comme disait Mme. de Staël;

selle Nicolet; la salle du spectacle qu'exploite cette dame est bâtie sur l'emplacement de celle du *fameux* Nicolet.

quelques-uns s'endorment pour tout
de bon, et ne se réveillent qu'à l'instant d'applaudir et de recevoir, si l'auteur *pense bien*, ou pour faire la grimace et refuser, s'il a le malheur d'ê-
tre entaché de libéralisme. On cite un
de ces joyeux enfans de Momus sur
lequel l'audition d'un acte de vaudeville produit un tel effet, qu'il s'endort
dès le second titre, quand la pièce en a
plus d'un, et ronfle à la scène d'expo-
sition, pour peu que cette scène ait été
un peu trop prolongée par les auteurs.

Au théâtre de la Porte-St.-Martin,
le comité, qui s'est long-temps assem-
blé dans *le foyer* du public, * a cru

* Il peut se rencontrer un provincial novice
qui ne connaisse pas la signification de ce mot :

devoir ajourner ses séances. Les pièces
nouvelles qu'on joue depuis quelques
mois, c'est-à-dire les pièces des amis,
ont été reçues verbalement ; la réception de quelques-unes a été inscrite,
pour mémoire, au dos de la carte à
payer, dans les cabinets particuliers du
restaurateur voisin.

Dans les théâtres où l'on conserve
encore quelques égards pour MM. les
auteurs (au moins en apparence), on
procède au scrutin au moyen d'une

le foyer est un salon ouvert au public dans chaque
théâtre, où l'on se promène pendant les entr'actes. Il peut tenir à peine vingt personnes
dans celui du Vaudeville : on dirait qu'on a
voulu le proportionner au nombre des intrépides
amateurs qui fréquentent encore ce théâtre.

boule que chaque juge place dans une urne. La couleur *blanche* indique la réception pure et simple ; le rouge veut dire *à correction*, et le *noir* est pour le refus.

Au Vaudeville, ces boules ont long-temps été remplacées par des haricots de trois couleurs ; un membre influent, M. de ***, ayant fait observer à ses spirituels collègues que ce nombre était aussi celui des couleurs de la sédition, les haricots factieux qui servaient aux délibérations comiques, furent inhumainement mis en purée.

CHAPITRE VII.

LES OUVREUSES DE LOGES.

Le nombre des théâtres de la capitale, y compris le spectacle du physicien Comte, où de jeunes enfans
jouent la comédie, et sans y comprendre les théâtres dits de la banlieue, * est de douze ; savoir : *l'Acadé-*

* Un ancien acteur du Vaudeville, M. Sé-
veste, a eu l'idée d'ouvrir des salles de spectacle
extra-muros; le privilége lui en a été accordé, et

mie royale de Musique, le Théâtre-Français, l'Opéra-Comique, l'Odéon, ou Second Théâtre-Français, le théâtre de Madame, le Vaudeville, le théâtre des Variétés, le théâtre de la Gaîté, l'Ambigu Comique, le théâtre de la Porte-St.-Martin, le Cirque-Olympique et le théâtre de Magie. *

Les ouvreuses de loges employées dans ces différens spectacles forment

cette entreprise est florissante. Les théâtres de la banlieue, au nombre de cinq, sont situés avantageusement et produisent de fort bonnes recettes, tant est prononcée à Paris la fureur des jeux de la scène.

* Il existe encore deux petits spectacles qu'on appelle *les Funambules* et *les Acrobates*, plus le petit théâtre dit *de Bobineau.*

7.

un corps assez nombreux et surtout
fort respectable : humbles et polies
dans les petits théâtres, prévenantes
dans ceux du second ordre, et fières
et superbes dans les *théâtres royaux*,
elles ont leur noblesse, leur bourgeoisie et leur dernière classe. Toutes sont
mues par le même intérêt, c'est-à-
dire par l'intérêt particulier. Il leur
importe peu qu'on ait pris des billets
au bureau pour être placé; il faut,
avant tout, qu'elles daignent consentir
à recevoir les porteurs de billets. On
dirait, à leur air, que d'elles seules
dépend le droit d'entrer dans les loges.
Le fait est qu'elles ont les clefs de toutes. A force d'ouvrir et de fermer les
portes, elles en sont venues au point

de croire que la salle est une propriété
dont l'exploitation devient un de leurs
plus solides apanages.

L'emploi d'ouvreuse de loges est d'un
médiocre rapport pour celles qui se
contentent des modestes appointemens
de la place ; mais les impôts que les
plus adroites savent lever sur le public
ajoutent beaucoup à leurs honoraires.
Aux portes des loges comme dans les
divers emplois de l'administration, il
s'agit de végéter honnêtement ou de
s'enrichir avec effronterie.

Une ouvreuse novice reçoit les billets et place indistinctement tout le
monde ; il n'y a pas de l'eau à boire
pour une pauvre femme qui se conduit ainsi. Les petits bancs, les tabou-

rets additionnels , la garde des chapeaux et des pelisses, n'offrent que de
légères ressources. Voici les grands
moyens : on place au-dessus de plusieurs portes de loges un écriteau con-
trefait , sur lequel on lit ces terribles
mots : LOGE LOUÉE , et l'on a le plus
grand soin d'empiler les premiers venus , les plus pressés , les amateurs
qui dînent de bonne heure , les *petites
gens* enfin , * dans les plus mauvai-
ses places , dans les loges qui avoisi-
nent l'avant-scène ; cela fait, on choi-

* A Paris, chacun appelle *petites gens* les
personnes qui se trouvent placées immédiatement après soi dans l'échelle sociale. Il n'y a de
petites gens que les gens méprisables de toutes
les professions.

sit avec une sage lenteur , avec une prudence éclairée, une réunion de personnes arrivées ensemble , qui tiennent à ne se point séparer.

Dès que le choix est fait, on affecte un grand empressement, on prend l'air affairé , on répond à peine aux nombreuses objections qui sont faites par les curieux désappointés, et , lorsqu'on trouve sa belle , on propose , à voix basse et d'un air mystérieux, une des loges comprises dans la bienheureuse exception : elles sont louées en effet, dit-on aux survenans ; mais on apprend à l'instant que les titulaires ne viendront pas, et l'on entre en arrangement ; les dames sont dans le corridor ; elles ont ou trop froid ou trop

chaud ; on entend les premiers coups
d'archet de l'ouverture ; il arrive de
tous côtés des gens qui veulent qu'on
les place ; pour attendrir le dragon fe-
melle qu'on appelle *l'ouvreuse*, on
glisse dans sa main une pièce de
cinq francs ; les difficultés sont apla-
nies, et l'on est enfin placé convena-
blement.

Quelques administrations ont l'œil
sur ces abus, d'autres les exercent à
leur profit ; c'est parmi ces dernières
qu'il faut ranger le plus grand nombre.
Aussi, lorsqu'on s'en aperçoit et que
l'on risque une plainte, on est éconduit poliment avec des lieux-communs
et des excuses banales.

Toutes les places, tous les rangs de

loges ne sont pas également lucratifs ;
pour faire participer les ouvreuses aux
bénéfices de leur charge, on prend
soin de les changer souvent *de poste*.
C'est, je crois, tous les trois mois qu'on
opère les mutations. Lorsqu'une ouvreuse a commis quelque méfait, on
la place pour un certain temps à la
porte d'un amphithéâtre ou dans les
étages supérieurs. Là, il n'y a rien,
absolument rien à faire : les honnêtes
spectateurs qui occupent habituellement ces sortes de places, ne transigent
avec personne ; on leur a délivré au bureau un billet qu'ils ont payé, il faut
qu'on les place, ou qu'on leur rende
l'argent qu'ils ont donné.

Les baignoires et les loges du cintre

sont, dans quelques théâtres, une ex-
cellente ferme pour les ouvreuses; cela
s'explique : presque toujours ces loges
sont grillées.....

Les porteurs de *billets donnés* reçoivent le plus froid accueil des ouvreuses : tout le monde sait cela; aussi
s'empresse - t - on de faire entendre à
ces harpies qu'on sera reconnaissant
si la place est bonne. A cette condition elles ouvrent comme par grâce et
presque avec empressement.

Le personnel des ouvreuses se compose d'actrices émérites, de proches
parentes des acteurs, quelquefois des
tantes, des sœurs, ou des cousines des
membres de la direction ; et, pour la
plus grande partie, de femmes « qui

» ont eu des malheurs. » Ces places ,
comme toutes les autres , sont très cou-
rues. Lorsque le Gymnase, aujourd'hui
théâtre de Madame, fut ouvert, on
adressa au directeur un peu plus de
huit cents demandes. Il y a, dans tous
les théâtres royaux, des ouvreuses
surnuméraires, des ouvreuses - amateurs, et même des ouvreuses *en ex-
pective.*

On cite une famille entière qu'on
dit attachée à un théâtre du boulevard : le grand-papa reçoit les cannes, * la bonne maman est employée

* Il y a maintenant sous le vestibule de chaque
théâtre un *bureau des cannes;* c'est là qu'on dépose, avant d'entrer au parterre, toutes les armes
défensives, les bâtons et les parapluies. Avant

au magasin, le fils est contrôleur, sa femme est ouvreuse; le petit-fils, dont l'épouse joue en partage les *grandes princesses*, remplit depuis long-temps l'emploi des *traîtres*; enfin la plus jeune des filles de ce dernier couple est chargée de représenter les *petits gar-çons*.

L'emploi plus ou moins avantageux d'*ouvreuse* est dévolu de droit aux actrices qui n'ont pas su « se faire un sort » (pour parler la langue du pays). C'est la vétérance, ou, si l'on veut, les invalides des femmes de théâtre qui

qu'on ne s'avisât de prendre cette sage précaution, il y avait souvent des querelles sanglantes, des engagemens sérieux au parterre; on ne s'y bat plus aujourd'hui qu'à coups de poings.

ont survécu à leur voix, à leurs talens, à leurs charmes. Nouvel exemple de l'instabilité des choses d'ici-bas,
leçon cruelle pour ces Reines de coulisses qui, parties d'un point fort éloigné de l'état d'aisance où elles vivent
pendant quelques années, reviennent,
après un long circuit, à leur point de
départ !

CHAPITRE VIII.

LES MARCHANDS DE VIN EN DÉTAIL.

QUELQUE considérable que soit le nombre des restaurateurs et des cafés, il n'approche pas de celui des marchands de vin. Dans de certaines rues, et particulièrement aux extrémités de la capitale, il est prodigieux. Un observateur superficiel pourrait croire, au premier coup-d'œil, que les Parisiens

ne sortent pas du cabaret. Heureusement pour eux, il n'en est rien : les
artisans, les hommes de peine et la
livrée assiégent presque seuls les comptoirs des marchands de vin , leurs sou-
pentes, leurs salles communes, et *les
cabinets de société*, où l'on boit et l'on
fume.

Tout s'est singulièrement perfectionné chez les détaillans de vin ; tout,
excepté le vin lui-même, qui n'a pas
cessé d'être détestable; il est même permis de supposer qu'à mesure que les
magasins se sont embellis, le vin a dimi-
nué de qualité. *Les vignerons* de la capitale , c'est à-dire ceux qui fabriquent
la liqueur consolatrice *intra muros ,*
doivent bien rire quand on leur fait le

8...

reproche banal de mettre de l'eau dans
leur vin, de le baptiser, comme on dit
de temps immémorial. Il s'agit bien
de cela, ma foi! Veut-on une preuve des
progrès qu'a faits l'*art* du marchand
de vin, il faut assister aux expéditions
trop rares des agens de l'autorité, lorsque ceux-ci saisissent et font couler
sur le pavé, chez un seul fabricant,
jusqu'à cinquante pièces d'une liqueur
malfaisante qui n'a du vin que la couleur et le nom.

Les devanciers des détaillans de vin
de l'époque actuelle affichaient très
peu de luxe; on lisait au-dessus de
leur porte : «*Marchand de vin;* » leur
enseigne était simple et sans prétention; c'était presque invariablement

*aux barreaux verts, au bon coin,
au cerceau d'or, à la palette,* etc.
L'intérieur de l'établissement répondait par sa simplicité à la simplicité de l'extérieur : un comptoir de bois de chêne, garni de plomb ; une fontaine, une ardoise sur laquelle on inscrivait *les écots*, quelques chandeliers de cuivre et deux ou trois saladiers, tels étaient les meubles qui, avec les brocs, les pintes et les verres, composaient le mobilier. Les salles n'étaient garnies que de tables et de bancs ; rien de fragile ne s'offrait à la vue ; on songeait à tout. Aujourd'hui ce n'est plus ça ; les mots COMMERCE DE VIN, écrits en lettres d'or d'un pied de hauteur, se font remarquer sur une enseigne élé-

gante ; à la couleur rouge sang de bœuf
dont était barbouillé chaque temple
élevé au dieu de la vendange, a succédé une couleur qui fatigue moins les
yeux. *Commerce de vin !* cela est bien
plus significatif. Dieu sait *le commerce*
qu'on fait à la cave pendant qu'on boit
le vin dans la boutique !

A peine l'Aurore aux doigts de rose
a-t-elle entr'ouvert les portes de l'O-
rient (pour parler le langage des ro-
manciers), que déjà les détaillans de
vin et leurs pratiques sont sur pied ; il
y a des ivrognes qui ont la bouche ou-
verte, pour ainsi dire, avant les yeux.
Les porte-faix, les ouvriers de toute espèce, et les gens de la campagne qui
sont venus la nuit au marché, com-

mencent le mouvement ; c'est par du vin blanc qu'on débute ; et quel vin blanc !... il est digne du rouge.

Le litre ou la bouteille se subdivise en moindres mesures qui reçoivent des noms de circonstance ; c'est *un canon, un bastringue*, un *polichinelle*, un *missionnaire*. * Il n'est pas rare qu'un seul homme avale un litre entier de l'agréable liqueur qu'on sert aux ha-

* Je ne prends pas sur moi la responsabilité de ce mot ; on remarquera que je ne suis qu'historien. Les recherches que j'ai faites n'ont pu m'apprendre à quelle époque remonte l'origine de cette dénomination peu respectueuse : il faut croire que cette mauvaise plaisanterie a pris naissance au temps où l'on envoyait de bons religieux prêcher la foi dans les contrées lointaines, qui n'étaient habitées que par des sauvages.

bitués de ces lieux de délices ; notez bien que les consommateurs, à ce moment de la matinée, sont nécessairement à jeun.

Après l'heure du déjeuner on ne boit plus que du vin rouge, et les consommations ne s'arrétent qu'à onze heures du soir. Quelques buveurs tenaces s'installent à des tables ; le plus grand nombre s'établit devant le comptoir, et trinque en causant. Cela ne veut pas dire précisém ent qu'on soit pressé de retourner à l'ouvrage ; mais, après *le canon* qu'on boit là, on en va boire un autre ailleurs, afin de jeter un peu de variété dans les plaisirs. Un pensionnaire des marchands de vin de la capitale, que la pratique des devoirs de son état oblige d'en parcourir souvent les rues, a ses stations marquées, où jamais il ne manque de faire une pause ; c'est même un moyen de fixer les distances : un luron qui *sait* boire ne va pas de la porte Saint-Denis, par exemple, au bourg malpropre et rebutant qu'on nomme *la Chapelle*, en moins de dix verres de vin. *

Beaucoup d'honnêtes artisans, et même un assez grand nombre de bourgeois aisés et de particuliers des classes immédiatement supérieures, se réunissent en société d'une douzaine de

* Quelques fumeurs, qui ne peuvent se passer d'avoir constamment la pipe à la bouche, comptent les distances par le nombre de pipes qu'ils consument.

personnes, pour boire chaque matin
la demi-bouteille de vin blanc, et lire
à haute voix le journal auquel ils
sont abonnés en commun. Le nombre
de ces réunions tout-à-fait inoffensives
est très grand à Paris ; le rendez-vous
est établi chez un marchand de vin du
voisinage des habitués. Après qu'on
s'est enquis des nouvelles du jour, ce
qui me paraît fort raisonnable dans un
pays gouverné constitutionnellement,
comme on sait, on se retire et l'on
vaque à ses travaux journaliers *.

* La police actuelle a fait d'inutiles efforts
pour mettre fin aux réunions de cette espèce ;
aux époques des élections on a l'œil ouvert sur
les lieux où elles se tiennent ; quelquefois même

C'est le *Constitutionnel* et le *Courrier Français* qu'on reçoit dans ces
sortes de réunions; avant les mille et
une variations du *Journal de Paris*,
cette feuille y comptait quelques lecteurs; elle fait aujourd'hui les délices
des garçons de bureau de nos minis-
tères et des grandes administrations,
si toutefois une feuille aussi bassement
vénale peut faire les délices de quelqu'un.

Il faut que les garçons des marchands de vin détaillans soient prêts,
à toutes les heures du jour, à faire le
coup de poing : tous les buveurs ne
sont pas aussi pacifiques, ni aussi re-

on tâche d'y introduire des *moutons* : malheur
à ceux qui seraient reconnus pour tels.

commandables que ceux dont je viens
de parler. Au besoin, les garçons doivent n'avoir d'autre raison que celle
de la force ; on conçoit sans peine que
la dame qui siége habituellement au
comptoir est dispensée du soin de se
donner des airs de petite-maîtresse :
son oreille doit être familiarisée avec
le vocabulaire des halles.

Mais qui le croirait ? les femmes
aussi fréquentent ces endroits ; on en
voit qui boivent jusqu'à perdre la raison : une femme ivre ! cela se rencontre pourtant quelquefois dans les
rues de cette bizarre cité !...

Il serait peut-être amusant de comparer (et cette comparaison peut se
faire à l'aide des agens du fisc) la

quantité de vin qui se boit chez les
marchands de vin en détail à celle qui
a payé des droits d'entrée. Heureux les
pauvres consommateurs, s'ils ne bu-
vaient que des vins de Surène et de
Brie; mais on leur en fait avaler de
toutes les couleurs, dont le certificat
d'origine serait bien difficile à produire !

CHAPITRE IX.

LE PALAIS-ROYAL.

Je ne sais quel voyageur raconte que, jeté par une tempête dans une île inconnue et lointaine, un naturel du pays, un sauvage qui se trouvait avoir appris quelques mots de français, lui parla du *Palais-Royal*. En effet, il n'est guère d'endroit sur le globe qui soit plus généralement connu que ce lieu singulier : en province, à l'étranger même, après qu'on s'est assuré que vous connaissez Paris, on vous questionne longuement sur le Palais-Royal et les merveilles qu'on y voit réunies, merveilles que les rapports des voyageurs ont encore exagérées.

Cependant il est déjà loin de nous le temps de sa plus grande gloire; une foule de brillans Passages ouverts aux oisifs, aux curieux, aux acheteurs, lui disputent la vogue et lui ont ravi ses avantages les plus solides. Les Anglais, si long-temps dupes, les Anglais eux-mêmes s'en sont éloignés ; défians, avares, soupçonneux, ils visent main-

9..

tenant à l'économie la mieux caracté-
risée, et d'un excès ils sont tombés
dans un autre. Il faut convenir qu'on
ne les ménageait pas : les maisons de
jeu, les belles de nuit et le commerce
ont levé de furieux impôts sur ces bons
insulaires.

Ce n'est pas que le Palais-Royal
brille à présent d'un éclat moins vif
qu'autrefois, mais le passage des Panoramas, *la galerie Delorme* * et
les deux élégantes et inutiles galeries
qu'on vient d'ouvrir sur le boulevard
Italien, ont, sur ce lieu jadis si vanté,

* La galerie Delorme conduit de la rue St.-
Honoré aux Tuileries; elle aboutit en face de
l'aile du Château qu'on appelle *le Pavillon de
Marsan.*

l'avantage d'être plus nouveaux : ce sont actuellement les limonadiers, les restaurateurs et les libraires qui font la gloire du Palais-Royal.

L'éclairage par le gaz est introduit presque dans tous les magasins ; à peine compte-t-on quelques établissemens en retard. De ce nombre est le *café Lemblin :* on dirait que son propriélaire cherche à se faire pardonner sa célébrité constitutionnelle. Il serait superflu de faire remarquer que le *café Valois* est dans le même cas, si les propriétaires de ces deux établissemens ne se trouvaient pas, par cela même, en contradiction avec la nuance d'opinion qui les distingue. *

* *Le café Valois* est, dit-on, le rendez-vous des exagérés de l'opinion royaliste. On com-

Le *café de Foi*, le plus stationnaire
des lieux publics de la capitale, est
aujourd'hui ce qu'il était avant la révolution, sous le rapport de la décoration intérieure : une gaze jaunâtre
garantit encore la pendule et le baro-
mètre,

> . . . . . . *De cet insecte ailé*
> *Que nous avons mouche appelé.*

Et les panneaux, peints en grisaille
et vernissés, sont là comme pour cer-
tifier la constance des goûts du propriétaire et celle des opinions de Messieurs les habitués.

Il y a partout, aujourd'hui, de belles

mence (à ce qu'on assure) à ne plus faire toutes
ces bizarres distinctions de parti.

boutiques, d'élégans magasins, des
marchandes gracieuses et jolies; à cet
égard, le Palais - Royal a tout - à-fait
perdu son ancienne prépondérance ;
mais il est encore cher à Comus : les autels qu'ont élevés les Véry, les Véfour, les
frères Provençaux, les Prévost et autres,
fument sans cesse en l'honneur de ce
dieu; et rien n'annonce que la ferveur
des gastronomes tende à diminuer. On
peut affirmer, au contraire, que l'immense majorité des yeux français sont
tournés vers la cuisine. Ailleurs j'en
ai dit les motifs.

Le commerce de la librairie, commerce qui prend chaque jour plus
d'extension, s'est concentré sous *les
galeries de Bois*. (Le monde entier

sait ce que sont les galeries de Bois.)
Cette partie *du Palais* avait besoin
d'être relevée par quelque chose de
vraiment noble : la littérature est venue à son secours. C'est là qu'on voit
les brillans établissemens des Ladvocat, des Ponthieu ; les boutiques modestes des Delaunay, des Dentu, des
Barba. Le romantique et le classique
se disputent une place dans l'étalage
de ces libraires célèbres. Sur une co-
lonne que le premier de ces commerçans a placée au milieu de son magasin, à côté du buste en marbre de lord
Byron, on lit les noms des prosateurs
contemporains qu'il a aidés de sa célébrité. Des milliers d'épigrammes, de
traits mordans, de vers caustiques,

n'ont pu l'arrêter : poursuivant la carrière dans laquelle il marche en triom-
phateur, chaque jour, à la nuit tom-
bante, le libraire Ladvocat

> *Verse des torrens de lumière*
> *Sur ses obscurs blasphémateurs.* *

Pendant que je suis sous les galeries
de Bois, je voudrais pouvoir parler
des marchandes de modes, qui sont là
en très grand nombre ; mais ce qu'il
y aurait à dire de ces dames pourrait
m'entraîner un peu loin..... J'aime
mieux accorder une mention honorable au cabinet de lecture dit *de la*
Tente, tenu par M. Gauthier, ancien

* Son magasin est éclairé par le gaz.

officier d'une grande distinction, que le feu des ennemis de la France a horriblement mutilé, mais qui n'a rien perdu de son patriotisme et de ses belles qualités..

Sous la galerie vitrée où est situé le *café de Rouen*, nous trouvons le fameux *Chevet ;* il n'est pas un gourmand, pas un provincial dont les yeux ne se soient arrêtés avec complaisance sur les bonnes choses qu'il étale journellement, et dont la vue est permise à tout le monde. Telle dinde truffée, ou tel quartier de chevreuil acheté chez Chevet, a peut-être décidé du rejet ou de l'adoption d'une loi qui manquait à la législation française.... A l'autre extrémité du Palais-Royal se

trouve le vaste office de Corcelet, *
dont le nom européen est répété par
presque autant de bouches que celui
du président du conseil des ministres,**
avec cette différence seulement qu'il
ne reçoit que des bénédictions.

Puisque nous voilà sous la galerie
vitrée, abordons au Théâtre-Français ;
mais jetons, au préalable, un coup-
d'œil sur l'affiche : Ah ! ah ! on n'y lit ni
le nom de Talma, ni celui de Mlle. Mars ;

* Chevet et Corcelet sont deux marchands de
comestibles dont la réputation est faite depuis
long-temps. Le second a pour enseigne : *au Gas-
tronome.* Il y a loin de la signification de ce mot
à celle des mots *ministériel* et *mandataire*, et
cependant la politique actuelle en a presque fait
des synonymes.

** M. de Villèle.

faisons comme le public, n'entrons pas.

Descendons la galerie de pierre :
nous voici au *café Corazza*, actuellement *café Sabatino*, où l'on prend
du moka excellent; la boutique de
l'horloger Leroy doit arrêter un instant
nos regards; passons devant toutes les
autres, donnons un coup - d'œil au
café de Foi, au magasin de bonbons
des successeurs de Berthélemot, au
bottier Montigaud, dont on a plus
d'une fois cité les bons sentimens; et
si nous n'achetons aucune des char-
mantes bagatelles du tabletier-bijou-
tier Laurençot, entrons dans le jardin
et restons un moment *à la Rotonde*,
l'endroit de la capitale où il se donne
le plus de rendez-vous. Une loueuse de

journaux, établie en ce lieu avec li-
cence, a peine à suffire aux demandes
qui lui sont faites du *Constitutionnel*
et du *Courrier Français*, tandis que
le *Journal de Paris* et quelques autres dorment tranquillement dans une
boîte à l'ombre du parapluie, sym-
bole de la prudence.

Le rez - de - chaussée de la galerie
opposée à celle que nous venons de
parcourir, n'offre rien de remarquable. Au premier est *le Numéro
Cent-Treize*, la plus dégoûtante des
maisons de jeu. Taisons-nous sur ces
établissemens, qui rapportent au fisc
VINGT-CINQ MILLE FRANCS par jour; d'ailleurs les réflexions morales et philan-
thropiques sont réputées séditieuses.

Tous les appartemens du premier étage sont occupés par des restaurateurs, des banques de jeu, des cafés ou des *estaminets*. Traversons le jardin pour monter *au café des Mille Colonnes*, si long-temps le rendez-vous des étrangers et l'objet de leur admiration. Dans le comptoir de ce beau lieu, plus riche qu'élégant, siége une jeune et modeste personne dont les charmes ont été vantés par tous les journaux, grands et petits; elle n'en paraît pas plus fière, et de ses deux mains elle dispense généreusement des morceaux de sucre, avec lesquels ses jolis doigts pourraient lutter de blancheur.

Les estaminets sont des cafés non

moins brillans que les cafés ordinaires,
mais où s'exilent volontairement les
fumeurs. A travers un épais nuage de
fumée on distingue dans ces endroits
quelques militaires, des hommes du
Nord, habitués à la pipe, des oisifs,
des joueurs, et ces observateurs gagés
qu'on retrouve partout.

Au résumé, le Palais - Royal n'est
plus un endroit unique en son genre;
il a maintenant ses analogues; sous
quelques rapports il est même surpassé
en beaucoup de lieux. Les loyers s'y
maintiennent encore à un grand degré
de cherté, mais il n'est pas rare d'y
voir des boutiques à louer. Les bâtimens sont, pour la majeure partie,
la propriété de S. A. R. le duc d'Or-

10.

léans; quelques arcades appartiennent encore à des particuliers : chaque année on en rachète un certain nombre pour le compte du prince.

La construction de la nouvelle Bourse du commerce, * de ce magnifique bâtiment qu'on achève en grande hâte, et qui se trouve situé dans le voisinage, arrêtera, n'en doutons pas, l'espèce de défaveur que le temps a jetée sur le Palais-Royal.

Cet étrange Bazar sera long-temps

* La nouvelle Bourse est placée au centre de la capitale; elle n'est séparée du Palais-Royal que par la rue Vivienne. C'est un des plus beaux monumens modernes de Paris. Sa forme est celle d'un carré long; une magnifique colonnade règne sur ses quatre faces.

encore l'objet de la curiosité des
étrangers, de l'indifférence des Parisiens en général, de la surveillance de
l'autorité, et de la terreur des âmes
honnêtes.

CHAPITRE X.

STATISTIQUE PARISIENNE. — LES CONSOM-
MATIONS.

Si j'en juge par le vif sentiment de curiosité que j'éprouvai la première fois qu'on me mit à même de connaître les énormes consommations de toute espèce qui se font à Paris, mes lecteurs se garderont bien de passer ce chapitre; il renferme, je les en préviens, des documens assez curieux que j'ai puisés à une bonne source et dont ils apprécieront l'exactitude et le piquant.

Paris est un gouffre immense où vient chaque jour s'engloutir un amas énorme et presque incroyable de provisions de bouche. O vous, femmes si prodigieusement sensibles, qui ne pouvez voir tuer un poulet, qui vous attendrissez sur le sort malheureux des hôtes de nos basses-cours, et qui cependant ne refusez jamais à table l'aile ou le blanc de volaille qu'on vous présente en vous engageant galamment à le dévorer, quels cris épouvantables ne jetterez-vous pas en apprenant qu'on sacrifie à Comus, dans les cuisines de la capitale,

un peu plus de sept millions de bêtes
innocentes, de tendres poulets, de
pauvres dindons, d'insoucians canards;
et que le nombre des pièces de volaille
ou de gibier vendues dans les différens
marchés, qui n'avait été en 1819 que
de 7,161,402, s'est élevé en 1821 à
7,726,136! plus de six cent mille en
sus, d'une année à l'autre !

Ne pensez pas qu'il soit impossible
d'expliquer cette progressive augmentation. En observateur attentif, je
crois en avoir deviné la cause : je vous
ai fait remarquer, Mesdames , dans le
premier volume de cet ouvrage, que
l'application de l'art culinaire à la
science de la politique, avait plus fait
pour cet art que toutes les découvertes

de nos restaurateurs les plus distingués.

Un poète a dit :

C'est avec des dîners qu'on gouverne le monde.

Eh bien ! ce poète a raison : affaires
d'intérêt particulier, affaires d'amour,
affaires de commerce, affaires d'état,
tout se décide à table aujourd'hui. Or,
qui joue le premier rôle dans un dîner, si ce n'est la volaille ? Croyez-vous
qu'un Amphytrion, quel que soit d'ailleurs le rang qu'il tienne dans l'état,
soit le premier à sa table ? il n'est que
l'accessoire de la dinde truffée qu'il
offre à ses convives.

C'est donc par le rôle important que
jouent les dîners, que j'explique l'accroissement prodigieux que je viens de
signaler dans le nombre des pièces de

volaille qu'on vend publiquement ; et lorsqu'on songe qu'il faut ajouter à ce grand nombre tout ce qui est nourri dans les basses-cours des particuliers, il faut bien s'écrier : Que de bêtes domestiques !

Si de la volaille nous passons aux moutons, nous trouverons que les estomacs parisiens ont englouti trois cent trente-trois mille trois cent quatre-vingt-cinq de ces pauvres bêtes pendant la seule année 1821, ce qui porte à je ne sais quel nombre effrayant les côtelettes, les pieds à la poulette et autres, les éclanches et les gigots à l'ail.

Soixante-dix mille veaux seulement ont perdu la vie dans le courant de la même année. Mais, le croira-t-on, à

peu-près huit mille vaches, dont on
déguise avec soin le sexe, et qu'on récompense par la mort des services
qu'elles ont rendus à nos laitières, ont
été hardiment présentées dans les marchés de la bonne ville, sont tombées sous
la hache du sacrificateur, et ont rougi
de leur sang innocent le pavé des abat-
toirs, pour être vendues ensuite à la
halle comme de bel et bon bœuf!

Je ne quitterai pas, bien entendu,
les bêtes à cornes, dont l'importance
est grande à Paris, sans parler des
bœufs : soixante - treize ou soixante-
quatorze mille de ces animaux viennent
par année s'engloutir dans les pots au
feu des bons bourgeois de Paris, ou s'é-
tendre complaisamment en *bifstecks*

sur les grils des restaurateurs de ce
gouffre immense. Je ne comprends pas
là-dedans ce qu'on appelle *la viande
à la main*, dont il entre en ville à-peu-
près un million cinq cent mille kilogrammes dans le courant d'une année.

On avale près de quatre millions
d'œufs pendant le même laps de temps,
et les cuisiniers font fondre dans leurs
casseroles plus de huit millions de kilogrammes de beurre frais. Il y aurait
là de quoi faire une superbe tartine
au genre humain.

Environ huit cent treize mille hec-
tolitres de vin servent à désaltérer an-
nuellement les bons habitans des rives
de la Seine. Il est impossible de cons-
tater combien il se boit de litres de

cette liqueur qui n'ont pas payé les droits au fisc, non qu'il en entre beaucoup en contrebande, mais parce que certains marchands n'attendent pas toujours l'époque fortunée des vendanges pour se procurer du vin nouveau.

Je disais tout-à-l'heure que le goût de la table fait chaque année de rapides progrès ; j'en acquiers la certitude dans le nombre immense des douzaines d'huîtres qu'on mange à Paris , pour ainsi dire en se jouant (car les huîtres ne font pas rigoureusement partie intégrante d'un repas) ; il y a des gourmets qui en avalent vingt et quelques douzaines avant de commencer le déjeuner ou le dîner.

Huit cent vingt-un mille six cent dix-huit douzaines de cet intéressant testacée, ont été absorbées en 1819. Pendant l'année suivante, ce nombre a faibli de quelques centaines de *cloyères*; mais en 1821 les amateurs, honteux sans doute d'avoir pu rester en arrière, ont pris glorieusement une revanche : ils en ont fait ouvrir et disparaître huit cent soixante - sept mille neuf cent quatre - vingt - quatre douzaines, que vraisemblablement ils auront arrosées d'un bon nombre de bouteilles de vin blanc.

Les droits-réunis vendent aux consommateurs près de huit millions de kilogrammes de tabacs, dont une partie est enfouie dans les narrines qui

consentent à se rendre tributaires de
cette riche administration, et dont
l'autre partie s'évapore en fumée. Il
n'est pas hors de propos de faire remarquer que les consommations aug-
mentent chaque année : on a beaucoup plus fumé en 1821 que deux ans
auparavant, et, selon toute apparence,
on fumera plus encore par la suite.

Un état *officiel* que j'ai sous les
yeux, porte que le nombre *des fagots
de toute espèce* qu'on débite chaque
année à Paris, est de près de quatre
millions. Le rédacteur du rapport aura
sans doute oublié à dessein *les fagots*
ministériels ; on ne parle pas de ceux-
là, et cependant le nombre en est in-
calculable : il s'en débite chaque jour

un très grand nombre dans plus d'un journal, et *la partie officielle* du *Moniteur* en est quelquefois toute pleine.

CHAPITRE XI.

LA PETITE LITTÉRATURE.

Le fisc n'ayant point encore obligé les gens qui écrivent, soit pour les libraires, soit pour les théâtres, à prendre des patentes d'*hommes de lettres* de première, de seconde et de troisième classe, il serait difficile d'évaluer le nombre des auteurs qui vivent

de leur plume à Paris : le spirituel
inventeur du *Petit Dictionnaire des
Grands Hommes*, Rivarol, s'il vivait
encore, et qu'il voulût faire une nouvelle édition de son piquant ouvrage,
se verrait dans l'absolue nécessité d'y
ajouter plusieurs volumes. Jamais on
n'a vu autant de gens d'esprit en titre :
il y en a, pour ainsi dire, un par maison, vingt par rue, cent par quartier.
A la vérité, ce titre, autrefois respectable, on le prend bien plutôt encore
qu'on ne le reçoit.

En portant à un millier le nombre
des auteurs de toute espèce (après dé-
duction des hommes de génie), on
arriverait, je crois, à une moyenne
raisonnable. Je déduis encore de ces

mille auteurs environ cinquante écrivains d'un mérite reconnu (dans lesquels je me garde bien de comprendre indistinctement les quarante membres de l'Académie française), et le reste forme ce que j'appelle *la petite littérature.*

On est *homme de lettres* dès qu'on a mis son nom, en quatrième et même en cinquième, au bas du titre d'un vaudeville ; et la preuve de ce que j'avance, c'est que le Directeur de théâtre qui sait vivre, ou le secrétaire de comédie qui connaît son monde, vous traite toujours ainsi dans ses relations épistolaires. Bien mieux : il n'est pas nécessaire d'avoir publié un livre ou fait jouer un ouvrage remarquable pour

avoir droit au titre d'homme de lettres; il suffit d'un talent négatif; et je le
prouve : le comité de lecture s'est as-
semblé pour vous entendre ; il a décidé
à l'unanimité que votre ouvrage était
peu susceptible de succès, * et vous
a éconduit ; que lit-on sur la suscrip-
tion de la missive qui contient un re-

* Formule de refus. On ne connaît pas de
directeur d'une politesse plus affectueuse et plus
soutenue que celui du théâtre de MADAME ; on
citait avant lui l'ancien secrétaire des Variétés,
plus connu sous le nom du père Duval : c'était
presque toujours un chef-d'œuvre qu'il refu-
sait ; il en avait le cœur navré, etc., etc. C'est
également *à regret* que M. Poirson refuse ; mais
il est toujours averti par le cri de sa conscience,
et sa conscience lui crie toujours de ne recevoir
que les pièces de M. Scribe.

fus poliment exprimé ? *A M. N....,
homme de lettres*. Cela est sans ré-
plique.

Il y a des réputations littéraires qui
sont circonscrites dans un certain lieu :
tel *illustre écrivain* n'est connu que
chez son éditeur; tel *auteur dramatique* est parfaitement ignoré hors des
coulisses du théâtre où sa fraction de
pièce a été représentée. On connaît
des célébrités qui ne vont pas plus
loin que le *café Vincent*, sur le boulevard du Temple; d'autres qui se con-
centrent dans la petite salle du Vaudeville; d'autres qui commencent au
boulevard Bonne-Nouvelle et finissent
chez le libraire Pollet, éditeur, par
contrat, des pièces de M. Scribe.

La vie privée des *auteurs* (je parle toujours de ceux qu'on range dans la petite littérature) est bornée à-peu-près à ceci : on se lève pour déjeuner à la fourchette chez un restaurateur , si l'on est *en répétition,* avec une tasse de café, qu'on prend à crédit, *si les eaux sont basses.* * La lecture des journaux littéraires emporte une heure ou deux. Cela fait, on monte au théâtre, on y reste jusqu'à trois heures ; puis on revient au café, où l'on prend un verre d'absinthe, ou simplement d'eau-de-vie mêlée dans un verre d'eau.

* Je rappelle au lecteur que les phrases écrites en italique sont empruntées au Vocabulaire des Originaux qui posent devant moi : pour mieux me faire comprendre, je parle la langue du pays.

Cinq heures sonnent : la table d'hôte
à cinquante sous est voisine; on s'y
rend, on dîne en toute hâte, et l'on
retourne au café pour prendre la demi-
tasse. A sept heures, on a déjà fait un
tour dans les coulisses, plaisanté avec
ces dames et parlé au directeur. Il faut
bien se rafraîchir : on redescend au
café pour prendre de la bière; là, si le
collaborateur habituel se rencontre,
on parle d'un projet de pièce ou d'un
ouvrage reçu ; on s'occupe un instant
de ses affaires; on se récrie sur l'in-
justice du directeur, et l'on va faire
un tour dans la salle pour se montrer.
A la sortie du spectacle, on rentre de
nouveau au café, où l'on reste jusqu'à
minuit; et quand les garçons vous en

ont prié vingt fois, on évacue la salle.
Avant de se coucher on fait un tour à
la tabagie, où l'on reste une heure ,
et l'on rentre enfin, *rassasié de plaisir*, pour recommencer le lendemain.

Telle est, à quelques nuances près
qui naissent des circonstances impré-
vues, la vie d'*un homme de lettres*.
Je ne serais pas surpris que quelque
bon provincial me fît remarquer qu'il
n'y a pas dans tout cela un seul instant
donné au travail et à l'étude. A l'étude !
allez donc, bonhomme ; est-ce qu'on
étudie, est-ce qu'on travaille ? Voici ce
qu'on fait lorsque l'impérieuse loi de la
nécessité vous oblige à songer à vos intérêts, lorsque les dettes sont nombreuses et que le crédit est épuisé.

On apprend que tel épisode de roman, tel conte non encore défloré, est à la veille d'être traité par quelqu'un, ou qu'il existe dans les *chefs-d'œuvre des théâtres étrangers* (publiés par Ladvocat), une pièce qu'on pourrait aisément *arranger*; on se procure le volume où se trouve l'épisode, le conte ou la pièce, et, sur le coin d'une table, entre deux bouteilles de bière, on règle ou l'on change la marche des scènes; on ajoute quelques mots au dialogue; on y met du *trait*. Pendant que le collaborateur court à la direction pour réclamer un jour de lecture, on se rend chez le copiste, on lui donne à transcrire *la pièce qu'on vient de faire*, et, trois jours

après , elle est lue et reçue. Un mois
se passe rarement sans qu'elle soit
jouée ; on se fait applaudir au théâtre et louer dans les journaux , ou ,
mieux encore , on se loue soi-même ,
ce qui est plus facile et plus sûr. A la fin
du mois on touche des droits d'auteur;*

* Des agens dramatiques, au nombre de
trois ou quatre, vont recevoir dans les théâtres,
et païent aux auteurs, de la seconde main : les
plus employés sont MM. Prin et Richôme. Ils
perçoivent aussi les droits d'auteur dans les départemens; à cet effet , ils ont des correspon-
dans avec chacune des villes où l'on joue la
comédie, l'opéra, ou le vaudeville. L'institution
des agens dramatiques est utile aux auteurs ;
malheureusement les opérations de ces Messieurs ne sont point contrôlées, et rien ne leur
serait plus facile que de prévariquer. La retenue

on règle avec une partie de ses créanciers pour l'arriéré, et l'on s'assure un
avenir de quinze jours.

qu'ils exercent sur les droits de chaque auteur
joué, les rembourse de leurs avances et sert à
acquitter leurs honoraires.

CHAPITRE XII.

MADAME BOLIVAR ET SES AGENS.

Il faut rendre à chacun la justice qui lui est due : si le titre de ce chapitre étonne quelqu'un, ce ne sera pas, à coup sûr, ceux de mes confrères les provinciaux qui, comme moi, connaissent un peu la capitale. Le nom de *madame Bolivar* a plus d'une fois résonné aux oreilles de l'habitant peu aisé de la province, qui est venu dépenser à Paris, en quelques jours, ses économies de plusieurs années. Il est impossible de faire un séjour un peu prolongé dans cette ville de déli-ces, sans songer à jouir des plaisirs qu'elle renferme. Or, ces plaisirs sont d'une excessive cherté ; il en coûte à l'étranger qui veut les goûter tous ou seulement en partie. Demandez plutôt à ce seigneur russe, à ce milord, qu'une danseuse a ruinés en six mois ; demandez à tel fils de famille échappé au giron de sa tendre mère, et qui retourne en province, après un semestre passé à Paris, nu, sans argent et malade.

Après qu'on a bien couru, prié,

sollicité , assiégé les antichambres ,
questionné les valets , les portiers , les
concierges , les suisses et les huissiers
de la chambre ; ou quand on a visité
des parens qui vous ont mal reçu , des
amis intimes qui ne se rappellent pas
les traits de votre visage ; ou bien encore quand on a reçu des réponses
évasives , soit d'un agent d'affaires
qui ne songe jamais qu'à faire les
siennes , soit d'un protecteur insolent
qui vous vend un quart d'heure d'audience au prix de quinze jours de
courses et de fatigues , on n'est pas
fâché de se procurer un délassement
honnête , un plaisir permis. Les spectacles sont là ; les affiches vous ont
tenté tout le jour : vous succombez le

soir à la tentation... Cependant une réflexion vous arrête : *c'est bien cher !..* Vous vous rappelez qu'un des domestiques de votre hôtel garni vous a parlé de moyens économiques, de billets à moitié prix, *de madame Bolivar* enfin ; et de même que le lecteur qui me tient en ce moment, vous demandez avec curiosité ce que c'est que madame Bolivar ?

Madame Bolivar est une grosse petite femme encore assez fraîche et très commune, dont l'établissement fort utile est situé dans une allée de la rue Montmartre, à droite en entrant par le boulevard de ce nom. * Toute la

* Il y a dans plusieurs rues des petits cafés borgnes où l'on trouve, dit-on, à toute heure du

marchandise de madame Bolivar, quelque bien assortie que soit cette estimable commerçante, est contenue dans son tablier : là sont placés pêlemêle l'Opéra-Comique et les Variétés, la Comédie Française et les théâtres où l'on joue le mélodrame, l'Odéon, le Vaudeville, la Porte Saint-Martin, et surtout le théâtre de MADAME, ci-devant le Gymnase.

Madame Bolivar est en relation perpétuelle avec MM. les chefs de cabale des différens théâtres, vulgairement appelés *claqueurs* ; ceux-ci se rendent tous les matins dans chaque direction,

jour, des billets pour tous les théâtres, à moitié prix. Ce sont autant de succursales de l'établissement tenu par Mme. Bolivar.

et particulièrement chez les auteurs dont ils entreprennent les succès. Là, on leur remet un certain nombre de billets dont ils traitent avec madame Bolivar, qui les vend aux amateurs pour la moitié du prix de la place à laquelle ils donnent droit. Mais je m'aperçois qu'un mot d'explication est nécessaire : il me faut donc reprendre les choses de plus haut.

Chaque auteur dont on joue une ou plusieurs pièces dans la soirée, a droit, ce jour-là seulement, à un certain nombre de places. Une convention souscrite par la direction et les auteurs, dans chaque théâtre, a déterminé ce nombre.*

* Il est tel, qu'on cite un auteur fort connu à qui la vente de ses propres billets, pour plu-

Autrefois, chaque auteur donnait ses billets à des parens, amis ou connaissances ; mais comme tout s'est singulièrement perfectionné, ainsi que j'ai déjà mainte fois été dans le cas de le faire remarquer au lecteur, que d'ailleurs ce sont presque constamment les mêmes auteurs qui sont joués, la plus grande partie de ces Messieurs ont pensé qu'ils pouvaient faire ressource de leurs billets de faveur. En conséquence, ils les vendent. On peut hardiment avancer qu'à la réserve de quelques honorables exceptions, les auteurs qui écrivent, ou, pour me ser-

sieurs théâtres, est *affermée* moyennant une somme de trente francs par jour, qui lui est comptée exactement.

vir d'une expression consacrée, *qui travaillent* pour les théâtres de MA-DAME, du Vaudeville, des Variétés et du *boulevard du Crime,* * ont adopté en masse cette ressource financière. **

* La partie du boulevard du Temple où sont situés les théâtres qui jouent le mélodrame.

** Le premier auteur qui ait eu l'idée de se faire une ressource des billets auxquels il avait droit, est, je crois, feu Dorvigny : sa misère était extrême, et l'on assure que plusieurs de ses pièces, actuellement encore au courant du répertoire, ont été vendues par lui sur le pied de trente francs l'une. Cet infortuné dînait tous les jours chez un limonadier de sa connaissance, et payait son modeste repas en billets que le limonadier revendait ensuite, afin de se couvrir de ses frais. Qui oserait blâmer Dorvigny? Qui ne rougirait pas de faire comme certains auteurs

Quelques-uns de ces Messieurs ont passé des marchés particuliers avec des entrepreneurs qui leur achètent tous les billets dont ils peuvent disposer, *à l'avance*, et à raison de tant par mois. Tous les billets qui ne sont pas compris dans le marché, sont mis en réserve pour le chef de cabale ; ce dernier en dispose à son gré : il place dans le parterre, sous le lustre, un petit nombre de ses affidés, et vend à *madame Bolivar* le surplus des billets qu'il extorque soit à l'administration , soit aux acteurs eux-mêmes.

Comment ! aux acteurs ? dira-t-on peut-être. Eh ! oui, vraiment : il re-

de nos jours, dont l'existence est assurée et même brillante ?

vient aux comédiens, hommes et femmes, un billet chaque fois qu'ils jouent ; dans quelques théâtres, *les premiers sujets* en reçoivent plusieurs. On ne dit pas que les artistes dramatiques fassent, pour de l'argent, l'abandon de leurs billets à *madame Bolivar*, comme ne rougissent pas de le faire Messieurs les auteurs ; mais au lieu de les donner en cadeau à leurs amis (qui ne les applaudiraient pas lors de leur entrée en scène ou de leur sortie), ils les remettent au chef de claque, qui se charge de les faire soigner. (*Technique.*)

Il suit de là qu'un jour de représentation extraordinaire, ou même tous les jours de la semaine, un cabaleur

qui entend sa partie, a les poches
pleines de billets pour toutes les places.
Tous ces billets vont se perdre, avec
les autres, dans le gouffre de Mme. Bolivar, et cette ingénieuse commerçante en traite avec le public.

On dit, mais je n'oserais l'affirmer,
que quelques directeurs, trahissant
les intérêts des actionnaires et leur
mandat, délivrent, contre de l'argent,
à des affidés qui ont leur confiance,
un grand nombre de billets qui sont
vendus de tous côtés, toujours à moitié prix. On ajoute que tel administrateur *habile* trouve ainsi le moyen
de se faire un énorme revenu de ce
commerce illicite.

On conviendra qu'il peut être fort

utile et surtout fort économique à un provincial peu favorisé des dons de la fortune, de savoir toutes ces choses ; et j'espère que personne ne sera fâché d'avoir fait connaissance avec *madame Bolivar.*

13..

CHAPITRE XIII.

LES MAGASINS DE NOUVEAUTÉS.

L'époque où ces sortes d'établissemens ont commencé à fixer l'attention publique est assez peu reculée : elle ne remonte guère à plus de vingt ans. Leur nombre était d'abord assez peu considérable ; il dépasse aujourd'hui toute proportion, et chaque semaine en fait éclore de nouveaux. On a long-temps parlé des magasins de *la Petite Nanette ;* nous avons eu, par suite, *la Fille d'honneur, le Petit Chaperon Rouge, la Vestale ;* on remarque aujourd'hui *la Lampe merveilleuse* et *le Page inconstant.* Le magasin des *Magots,* dans le faubourg Saint-Germain, est, dit-on, un de ceux où l'on vend le plus ; le choix qu'a fait du noble quartier le propriétaire du magasin des *Magots,* a presque l'air d'une épigramme ; on cite, après lui, *le Pauvre Diable* et *le Coin de Rue,* et les dames n'ont pas tout-à-fait perdu de vue le *Masque de Fer.*

Le propriétaire de ce dernier magasin est, je crois, le seul marchand de l'époque actuelle qui n'ait pas choisi

pour enseigne le titre d'une pièce de
théâtre. Il n'est pas facile de saisir,
au premier aperçu, quels rapports
existent entre une comédie, un opéra
ou un vaudeville, et l'enseigne d'un
magasin d'étoffes, de soieries et de
cachemires. La mode seule explique
une foule d'usages parisiens.

Les propriétaires des magasins de
nouveautés luttent entr'eux d'adresse
et d'élégance ; il vaudrait peut-être
mieux qu'ils cherchassent à se surpas-
ser en délicatesse, et surtout en bonne
foi... L'arrangement des marchandises
de la montre est fait avec un goût,
une recherche, un tact, une connaissance de l'harmonie des couleurs qu'on
ne retrouve en aucun autre pays. Les

piéges nombreux, et en apparence innocens, qu'on tend à la coquetterie
du sexe, ont les résultats les plus fu-
nestes pour la morale publique. Tout
s'enchaîne ici-bas d'une curieuse manière, et ces résultats peuvent très bien
échapper à des yeux inattentifs : si tel
cachemire, au lieu d'étaler ses bril-
lantes couleurs et ses dessins bizarres,
était prudemment condamné à l'obscurité des cartons ; si ces barèges
éblouissans, ces étoffes vaporeuses où
l'or se mêle à la soie, étaient cachés à
tous les yeux pour ne paraître qu'à la
réquisition des curieux opulens, tant
de vertueuses personnes qui ont suc-
combé à la tentation, ne seraient-elles
pas encore intactes ? C'est par la va-

nité bien plus que par le cœur qu'ont
été prises tant de pauvres filles sé-
duites ! Les innocentes sauraient qu'il
existe des magasins qui renferment
des argumens contre tous les degrés
de cruauté ; mais ces objets n'étant
pas constamment exposés à leurs regards, qui sait si elles ne résisteraient
pas ?

L'étalage extérieur d'un magasin de
nouveautés est, avec l'enseigne, le
but des soins constans d'un marchand
qui sait les choses : d'immenses bandes
d'étoffes d'une couleur éclatante occupent toute la devanture de la maison;
d'abord ces bandes tombaient des
croisées du premier étage ; à présent
elles tombent des combles et descen-

dent jusqu'à terre. Il faut qu'on lise
en gros caractères, au-dessus de la
porte d'entrée : PRIX FIXE ; c'est une petite phrase d'usage, absolument sans
conséquence, et qui n'engage à rien.
Cela ne doit pas empêcher les commis
de surfaire de moitié sur certaines
marchandises dont le prix est susceptible de variations.

Attendu qu'on est dans l'obligation
de transformer chaque étage en un
magasin particulier, on sent bien que
deux ou trois commis seraient insuffi-
sans ; tel marchand en a jusqu'à deux
douzaines à ses ordres, non compris
les petits commis à la pension, le te-
neur de livres et les demoiselles de
comptoir. Leur *mise* (comme on dit

là et même ailleurs) doit être soi-
gnée ; il n'est pas nécessaire qu'on soit
un aigle pour l'éducation et l'esprit,
mais une certaine facilité d'élocution
devient indispensable. Il faut souvent
que d'habiles commis suppléent à l'in-
décision des acheteuses. On en cite
qui se sont acquis une haute réputation de galanterie et d'amabilité, tout
en aunant du calicot.

Il est de rigueur qu'un magasin
achalandé soit jonché d'une épaisse
couche de paille, et que de nombreux
ballots (qui peuvent fort bien ne rien
contenir) encombrent les avénues.
L'abondance des marchandises doit
être telle (au moins en apparence)
qu'on ne se puisse remuer qu'avec

peine entre les comptoirs des salles où
le public est admis. Il faut aussi que
des prospectus répandus avec profu-
sion sur les ballots, dans l'étalage et
partout, rappellent le nom du magasin
et ses titres à la confiance des acheteurs. Des prospectus annoncent invariablement *un rabais étonnant* dans
les prix des marchandises. Il serait
presque ridicule d'annoncer moins de
vingt-cinq mille robes à-la-fois; on
doit ne pouvoir pas énumérer les objets de fantaisie, les cachemires français, les foulards et les mouchoirs de
toute espèce; enfin tout doit tendre à
faire croire à ce bon public, que c'est
absolument pour l'obliger et dans son
seul intérêt qu'on tient un magasin.

C'est au Palais-Royal que furent ouverts les premiers magasins de nouveautés. A l'époque où ce lieu si célèbre commença à perdre de sa réputation, il s'en ouvrit quelques uns dans les quartiers voisins; bientôt on en établit dans toutes les rues commerçantes, puis sur les boulevards, puis enfin dans les faubourgs, aux extrémités les plus reculées. Le faubourg Saint-Antoine lui-même en compte plusieurs; l'enseigne de ces derniers est choisie dans le répertoire des théâtres où l'on sacrifie à la muse du mélodrame.

Le développement des relations commerciales de ces maisons, le personnel ruineux qu'il faut qu'elles entre-

tiennent, le luxe effréné qu'elles affi-
chent, les chances du commerce et la
nécessité de soutenir une concurrence
qui chaque jour devient plus redoutable, ont souvent conduit à sa perte
un commerçant honnête, et qui, au
fond, n'était coupable que de trop de
témérité et du désir aveugle de sacrifier à l'usage.

Quelques marchands sont arrivés à
la fortune par des chemins qui n'é-
taient pas ceux de l'honneur ; on en
cite qui se sont enrichis aux dépens
de leurs crédules créanciers. A force
d'entendre répéter les mots effrayans
de *faillite*, de *banqueroute*, de *remise de bilan*, on s'est familiarisé
avec le danger, on a fait abnégation

de ce qu'on appelle *une fausse honte,*
et l'on n'a plus rougi que de la modi-
cité des bénéfices.

Le commerçant qui *manque* aujour-
d'hui , n'est montré au doigt que par
les bonnes gens à conscience timorée ;
on appelle cela *arranger ses affaires.*
Le beau idéal du savoir-faire est de sau-
ver du naufrage non-seulement ce qui
vous appartient, mais le bien de vos
créanciers, et jusqu'à votre crédit.
Voulez-vous faire taire la tourbe des
petites gens à qui vous ne devez, en
particulier, que le simple fruit de leurs
travaux, le pain d'une famille entière ?
prenez un cabriolet, vous ne les verrez
plus : le moyen qu'ils vous atteignent,
ils sont à pied.

CHAPITRE XIV.

STATISTIQUE. — POLICE.

LA police d'une grande ville, lorsqu'elle est exercée autant dans l'intérêt des citoyens que dans celui du pouvoir, est le chef d'œuvre de la civilisation ; son action doit être telle que le crime seul ait à trembler. Mes lecteurs permettront que je ne m'appe-

santisse pas sur cet .objet, bien plus
hideux encore qu'intéressant : ma mis-
sion doit se borner à leur donner quelques détails dont je garantis l'authen-
ticité, et qui se rattachent à la statistique de la capitale. *

C'est dans un compte d'administration des dépenses de l'exercice 1819,
compte que j'ai sous les yeux, et qui
fut rendu par le préfet de police, en
exécution des lois des 28 pluviôse an 8
et 15 mai 1818, que je puiserai ces détails.

* La Préfecture de police, qu'il ne faut pas
confondre avec la Préfecture du département,
est située sur le quai des Orfèvres, non loin du
palais élevé à Thémis, divinité avec laquelle la
police n'a rien à démêler.

Nous y voyons d'abord que le nombre
des employés des bureaux et préposés
de la préfecture de police, est de près de
cinq cents. Dans ce nombre ne sont compris ni les commissaires, ni les *agens
de police* proprement dits. Il serait
fort curieux sans doute de savoir com
bien d'agens de cette dernière espèce
sont entretenus par le Trésor; mais on
garde, à cet égard, un silence qui n'a
jamais été publiquement rompu. A
aucune autre époque, le nombre des
agens de la police occulte n'a été aussi
considérable qu'il l'est maintenant.
Nous croyons trouver la preuve de ce
fait dans l'accroissement successif qu'a
reçu le corps de la gendarmerie dé
Paris.

Le préfet de police a sous ses ordres, indépendamment du personnel de ses bureaux, un secrétaire-général, quarante-huit commissaires de police, * un commissaire de la Bourse, quatre commissaires spécialement chargés de

* Les commissaires de police sont chargés d'exercer une surveillance très active dans l'intérieur des théâtres : s'élève-t-il une difficulté entre le public et l'administration, ou les acteurs, ces Messieurs emploient toutes sortes de moyens pour l'aplanir. Ils se décorent alors de leur écharpe et se placent ostensiblement dans la salle; une portion dé loge, ou même une loge entière leur est réservée dans chaque théâtre. Ils sont quelquefois obligés de haranguer le public : l'éloquence n'est pas leur fort, et l'on pousse quelquefois l'irrévérence jusqu'à leur rire au nez.

l'instruction première des personnes arrêtées par suite de prévention de crimes ; trois inspecteurs-généraux de police et vingt-deux officiers de paix ; total, soixante-dix-neuf chefs principaux. *

Les dépenses connues de la police ont été, pendant l'exercice 1819, de 4,723,250 fr. Le corps des pompiers, ce beau corps si utile et qui doit être l'objet de la vénération publique, est entré dans cette dépense pour une somme de 370,000 fr. ; le corps de la gendarmerie royale, ac-

---

* On prétend qu'il y a à Paris plusieurs sortes de polices et de contre-polices, je n'en sais rien. Ce sont là, d'ailleurs, de ces sujets délicats qu'il ne faut qu'effleurer. *Glissons, n'appuyons pas.*

'tuellement fort de 1521 hommes et 571 chevaux, a coûté, pendant le même espace de temps, 1,553,000 fr.; enfin les dépenses de l'administration et celles du matériel se sont élevées à la somme de 1,358,950 fr. J'ai dit tout-à-l'heure que le nombre des agens de police est inconnu, et que l'accroissement du corps de la gendarmerie royale est fait pour donner une idée de ce qu'il est maintenant. Ce corps, créé en 1813 pour remplacer *la garde urbaine* qui se composait de deux régimens d'infanterie et d'un escadron de cavalerie, ne fut porté d'abord qu'à un effectif de 853 hommes et 398 chevaux.

En janvier 1816, une ordonnance

augmenta la gendarmerie de quelques centaines d'hommes et de chevaux.

Nous venons de voir quelle est sa force actuelle. Selon moi, elle sert à prouver de -grands développemens dans les moyens de police.

La gendarmerie occupe trois casernes, rue du Faubourg-St.-Martin, rue des Minimes, et rue Mouffetard ; le surplus est logé dans les bâtimens des barrières dites *d'Enfer*, *du Trône* et de *la Villette*.

La tenue du corps des gendarmes de Paris est magnifique; on a long-temps fait l'éloge de l'urbanité des militaires qui le composent. Plus les gendarmes ont acquis d'importance, et moins ils ont été bien vus des habitans ; un bourgeois ne conçoit pas toujours, au premier coup-d'œil, l'importance d'une consigne, et les gendarmes apportent une grande rigueur dans l'exécution de cette partie de leur service. On ne peut que les approuver.

L'arme de la gendarmerie a cela de particulier qu'on inculque au moindre soldat des principes qui sont peut-être erronnés; on veut qu'il se considère à l'égal d'un magistrat. La déposition d'un simple gendarme est une espèce d'acte de foi; on y croit de préférence à toute autre.

Les gendarmes gardent l'entrée des spectacles; dès quatre heures de l'après-midi, ils se rendent par petits détachemens aux postes qui leur sont

assignés. La moindre parade du boulevard, les cabinets de figures même,
sont gardés par des gendarmes : point
de fête où n'est pas la force-armée ;
dès qu'il s'agit d'une réjouissance, elle
est sur pied, et personne n'a le droit
de s'amuser sans elle.

La création militaire du corps des
sapeurs-pompiers ne remonte qu'à
l'an 1811 ; avant cette époque ce beau
corps dépendait plus particulièrement
de l'administration municipale. La ca-
serne est située dans la magnifique rue
de la Paix, vis-à-vis l'administration du
Timbre ; il s'en faut de beaucoup que
ces deux institutions aient un même
but d'utilité. Un certain nombre de
pompiers est réparti dans les corps-de-

garde qu'on a placés dans tous les quartiers. Rien n'égale l'utilité des sapeurs-pompiers, si ce n'est le zèle et l'ardeur qu'ils apportent dans l'exercice de leurs nobles et pénibles fonctions. Il y a des pompiers de garde tous les jours dans les théâtres; quelques-uns y passent la nuit. Plusieurs de ces braves sont décorés du signe de l'honneur. *

La police des marchés, le nettoiement des rues, sont confiés à la préfecture de police; la même administration demeure chargée de l'éclairage de certaines parties de la ville et de quelques établissemens publics. Son

* Tous ont une profession : ils doivent être, de préférence, maçons et charpentiers.

action se fait surtout sentir sur les prostituées. En 1819, le nombre de ces malheureuses montait à près *de trois mille;* il n'avait été en 1813, que de *dix-sept cents.* Comment expliquer cette augmentation à une époque où l'on ne cesse de déclamer contre *la révolution,* où l'on élève le moment présent aux dépens du temps passé; où tout est pour le mieux, comme chacun sait; où les gouvernans et ceux qui écrivent pour eux moyennant une récompense honnête, ont toujours à la bouche ou au bout de leur plume les mots de *morale publique* et de *religion?*

CHAPITRE XV.

LES DEMOISELLES LINGÈRES.

J'ÉPROUVAIS depuis fort long-temps le désir assez vif de pénétrer dans l'intérieur d'un magasin de lingerie, afin de tâcher d'asseoir un jugement sur l'état actuel des mœurs, sur les usages et les habitudes des demoiselles lingères, lorsqu'un matin un de mes

amis, provincial comme moi (c'est-à-
dire plus provincial encore que moi,
par sa candeur et sa simplicité), me
proposa de l'accompagner chez une
marchande lingère dont le magasin
avoisine le Palais - Royal, et chez
laquelle se trouvait depuis quelque
temps, *à la pension*, une de ses nièces
qu'il affectionne singulièrement. J'acceptai avec joie la proposition de mon
ami, et nous partîmes. En chemin il
m'apprit que Mlle. Aglaé (c'est le nom
de sa nièce) avait montré, depuis sa
première jeunesse, une vocation si
décidée pour le commerce de la lingerie, que sa mère, qui l'aimait beaucoup, s'était décidée à l'envoyer à Paris, « chez une dame qui lui avait été

15..

» vivement recommandée par une de
» ses amies, dont la cousine était fort
» liée avec la tante d'une jeune per-
» sonne qui se trouvait depuis quel-
» ques mois en apprentissage chez la
» dame en question. »

C'est presque toujours ainsi que se traitent ces sortes d'affaires et beaucoup d'autres : on s'en rapporte aux belles choses qui vous sont dites sur les personnes entre les mains desquelles vous êtes à la veille de confier des intérêts plus ou moins chers, plus ou moins importans, et, trop souvent, on prend à la lettre de vagues recommandations qui vous entraînent dans de fausses démarches.

Je m'attendais qu'à l'arrivée de deux

hommes dans un magasin de lingerie,
l'essaim des jeunes beautés allait s'en-
voler et disparaître en un clin-d'œil;
nous n'effarouchâmes personne : avant
même de savoir ce que nous désirions,
la dame-maîtresse nous avait offert
des tabourets, et des chuchotemens,
des signes d'yeux, de petits éclats de
rire étouffés, avaient déjà eu lieu d'un
bout à l'autre du magasin.

Mon ami se fit reconnaître pour l'oncle de Mademoiselle Aglaé, et présenta
des lettres de la mère de cette jeune
personne ; il fit plus, il paya sur-le-
champ un semestre de pension qui venait d'écheoir ; cela fait, il témoigna
l'étonnement qu'il éprouvait de ne
point voir sa nièce dans le magasin. On

lui dit qu'elle était sortie. « Sortie ! ré-
péta-t-il du ton de la surprise. — Eh !
oui vraiment, lui répondit-on : qui
donc serait chargé des courses, si ce
n'était *la dernière ?* Mademoiselle
Aglaé ne fait que son devoir. »

Il y avait quelques minutes que nous
étions là, lorsque la jeune personne
entra d'un petit air fort délibéré ; en
apercevant son oncle, elle devint très
rouge et resta comme immobile d'é-
tonnement ; cependant elle se remit un
peu et vint l'embrasser.

C'était un samedi ; l'oncle, après de
très vives instances, obtint, par faveur spéciale, que sa nièce pourrait
sortir avec lui pendant la journée du
lendemain. Nous fîmes nos adieux et

je quittai mon ami après lui avoir fait promettre que je serais du dîner qu'il se proposait d'offrir à la charmante Aglaé avant de la reconduire à son magasin.

Pendant le peu de temps que nous étions restés chez la lingère, j'avais fait mon métier d'observateur : un magasin de lingerie n'est plus du tout ce qu'il était autrefois ; le luxe et l'élégance y règnent comme ailleurs. Les empiétemens successifs des marchands de nouveautés sur le commerce des toiles, ont forcé les lingères à faire un pas en avant du côté des marchandes de modes... il s'en est suivi une espèce de révolution dans leurs habitudes, dans leur costume et surtout dans leurs mœurs. On fabrique aujourd'hui dans les magasins de lingerie une foule d'agréables futilités dont jadis on ne se doutait pas ; la confection de ces jolis bonnets de tulle et de dentelles, que nos élégantes portent dans le négligé, a donné l'essor au génie des lingères ; il faut, par le temps qui court, que ces dames soient abonnées au *Journal des Modes*.

Mais ce qui n'a pas peu contribué à porter des atteintes (légères à la vérité) à l'antique réputation de vertu des lingères en général, c'est le parti qu'elles ont pris trop témérairement sans doute, de *tenir* du linge d'homme confectionné. A-t-on calculé, bon Dieu ! les terribles conséquences que pouvait avoir une si dangereuse innovation? Cette branche de commerce les a mises en rapport direct avec les hommes ; il a bien fallu recevoir des commandes et livrer sa marchandise. La plupart des étrangers logent en hôtel garni... et voilà les demoiselles lingères, jadis si vénérées, si sages, si religieuses, qu'on accusait même d'un peu de jansénisme, les voilà qui, le paquet sous le bras, franchissent le seuil des maisons publiques !

La jolie petite Aglaé fut exacte au rendez-vous que lui avait donné son oncle ; j'arrivai chez mon ami quelques instans après elle, et l'on décida, sur ma proposition, que nous irions dîner chez Champeâux,* rue des Filles-

* Restaurateur qui jouit d'une demi-célébrité.

Saint-Thomas, attendu que Mademoiselle Aglaé logeait dans le voisinage, et qu'il fallait qu'elle fût rentrée à huit heures au plus tard.

J'adressai, pendant le dîner, une foule de questions à notre demoiselle; quelques-unes, sans être absolument indiscrètes, l'embarrassèrent visiblement; mademoiselle Aglaé, comme la dernière venue, était chargée exclusivement au magasin des détails de l'extérieur; cependant, ajouta-t-elle, plusieurs de ses compagnes la secondaient quelquefois. Lorsque j'abordais le chapitre des visites dans les hôtels garnis, la petite fûtée éloignait la conversation avec une adresse toute parisienne; on n'aurait pas dit vraiment

qu'elle était née à cent lieues de la capitale. Il fallut me contenter d'apprendre qu'on ne l'avait placée que depuis
six mois en apprentissage ; qu'elle de
vait donner trois ans de son temps *à sa
dame*, et qu'on payait pour elle un peu
moins de huit cents francs de pension
par an, pour en gagner à-peu-près quatre cents après son apprentissage. Il me
fut aisé de me convaincre que Mademoiselle Aglaé, avant d'arriver au
terme fixé pour la fin de son noviciat,
aurait le temps d'apprendre tout ce
que peut savoir une demoiselle.

Notre aimable convive était un peu
gourmande, et l'on pouvait lui pardonner ce défaut : un morceau de pain
sec est le déjeuner habituel des lingè-

res ; dans presque toutes les maisons,
elles se lèvent de table après le bœuf...
Il y en a sans doute où l'on se montre
un peu plus généreux envers elles ;
mais dans quelques - unes les pauvres petites paient bien cher les douceurs qu'on ajoute aux repas, et les
momens de liberté dont elles jouissent
pendant leurs courses.

Mlle. Aglaé avait fait un peu de toi-
lette en l'honneur de son oncle ; plus
parée que la veille, elle était beaucoup
moins séduisante. *L'uniforme* des
lingères des beaux quartiers est char-
mant ; les petits bonnets qu'elles chif-
fonnent pour elles-mêmes les font paraître on ne peut plus jolies. Autrefois
(il y a vingt ans au moins) on les

remarquait à peine ; mais dans ces temps de sévérité, à quoi auraient servi les ressources de la coquetterie ? Placées dans les comptoirs d'une boutique obscure à dessein , elles ne voyaient que des femmes ; un étalage moins brillant que strictement nécessaire, leur dérobait la vue des passans ; jamais elles ne sortaient ; une laidron , une manière d'épouvantail , que son âge rendait plus respectable encore , allait porter aux dames réputées *pratiques* l'ouvrage qu'elles avaient commandé. On entrait pure dans un magasin de lingerie, on en sortait de même. Au dire de Mlle Aglaé, que j'ai beaucoup questionnée sur cet objet important, c'est absolument la même chose aujourd'hui.

CHAPITRE XVI.

LE BOULEVARD DU TEMPLE.

LE lecteur, quel qu'il soit, a sans doute entendu parler de *la foire St.-Gérmain*, où se réunissaient, avant la révolution, outré des marchands de toute espèce, les saltimbanques, les farceurs et les charlatans. Il fut long-temps de mode, même parmi la meilleure compagnie , de fréquenter les spectacles que la police avait rassemblés dans cet enclos. Fuselier, Piron et quelques auteurs moins connus ou moins estimés, firent long-temps les délices des habitués des baraques de la foire. Quelques années avant , il avait été du bon ton de se rendre au boulevard du Temple ; et , depuis, *Audinot , Nicolet , les grands danseurs du roi , Lazzari* (ce dernier est de nos jours), firent successivement accourir chez eux la foule empressée et toujours mobile des curieux parisiens.

Le boulevard du Temple est encore à présent ce qu'a été la foire Saint-Germain , un lieu consacré aux plaisirs du vulgaire : sa physionomie a souvent changé dans les détails ; l'ensemble est resté le même. On y voit des spectacles de tous les genres, des bals, des cafés, des marchands de vin, des traiteurs où l'on mange au prix le plus modique, et des restaurateurs où l'on paie un peu cher une réputation souvent usurpée. Les administrateurs actuels des deux principaux théâtres de cette partie du boulevard, sont des descendans de Nicolet et d'Audinot, noms chers au peuple, et dont il conserve encore la mémoire.

Le boulevard du Temple, proprement dit, commence à la rue du Temple, et finit aux rues d'Angoulême et des Filles-du-Calvaire. Dans ce court

espace on compte quatre théâtres
constamment ouverts : *l'Ambigu, la
Gaîté, les Funambules* ou théâtre
de madame Saqüi, et les *Acrobates.* * Le cirque des frères Franconi,
placé à l'entrée du faubourg du Temple, peut être compris dans les théâtres dits du boulevard ; trois ou quatre
autres petits spectacles, qui ouvrent
et ferment à de certaines époques de
l'année, sont voisins de ceux que je
viens de désigner. Le nombre des cafés
est de cinq, savoir : *Le café Turc, le
café Vincent, les cafés de l'Ambigu*

* Ce dernier vient d'être fermé; on dit que
l'autorité n'a pas voulu renouveler à l'entrepreneur l'autorisation d'exploiter la curiosité publique.

et de *la Gatté*, et *le café Job*, qui s'est établi récemment à côté de l'ancien Panorama dramatique. * Les restaurateurs sont au nombre de quatre : le premier de tous est sans contredit le *Cadran Bleu ;* viennent ensuite Goupil ou son successeur, Yardin et Tivet. Une maison de jeu, deux sa-

* Le Panorama dramatique est un théâtre qui n'est resté ouvert qu'une année à-peu-près ; les personnages des pièces qu'on y représentait ne devaient être que l'accessoire des décorations ; le privilége portait qu'on y verrait des *tableaux animés.* Malgré les dérogations au privilége, que se permettaient les auteurs, la direction s'est bientôt déclarée en état de faillite, et les représentations ont été interrompues. Des spéculateurs ont acheté le bâtiment, et déjà une partie a été transformée en une vaste maison d'habitation.

lons où sont exposées des figures de cire, un pareil nombre de cabinets de lecture, cinq ou six commerçans, une demi-douzaine de tabagies, et force marchands de vin, complètent l'ensemble, et donnent à cet endroit singulièrement pittoresque et curieux, la physionomie d'une foire perpétuelle.

Les prix des différens spectacles sont à la portée de toutes les fortunes. Si le pauvre ne trouve pas là à s'amuser, nulle autre part il ne pourra se procurer du plaisir à moins de frais. Les oisifs qui n'ont rien à dépenser, regardent les parades en plein vent, parades qui jadis obtinrent une juste célébrité, et qui consacrèrent les noms de *Galimafrée* et de *Bobèche*. Pour la

modique somme d'un demi-franc, un
couple d'amateurs peut se régaler
d'une *pantomime dialoguée* et des
tours de force des Acrobates et des Funambules. Il n'en coûte guère plus
pour avoir le droit de se placer à l'amphithéâtre des deux spectacles principaux : les premières places ne coûtent
pas plus de trois et quatre francs.

Dans les cabinets des successeurs de
Curtius, on peut se rassasier du plaisir
de contempler les traits des souverains
de l'Europe et des grands criminels,
ceux des généraux célèbres et des vo-
leurs de grands chemins. Il suffit d'a-
voir eu l'honneur de s'asseoir sur un
trône ou sur les bancs d'une cour
d'assises, pour obtenir la faveur du

moulage en cire. Le caprice du propriétaire des figures pourrait placer le prince le plus nul sur la même ligne que le bon, le grand Henri-Quatre. A l'endroit même où l'on avait admiré long-temps les traits du vainqueur d'Austerlitz, on a pu voir presque aussi long-temps la représentation d'un obscur général étranger, et celle d'un autre Marlborough, dont nos revers ont fait un héros.

Les autres petits spectacles se composent habituellement des phénomènes vivans ou conservés, des serins savans, des bêtes artistes, des puces travailleuses, du chien qui joue aux dominos, et d'une foule d'objets divertissans.

A cinq heures du soir, l'Ambigu et la Gaîté ouvrent leurs portes à la foule empressée des amateurs du mélodrame. Il y a vingt-cinq ans au moins qu'on assassine, qu'on vole, qu'on pille, qu'on égorge, qu'on empoisonne à ces deux théâtres, régulièrement tous les jours, pendant quatre ou cinq heures, sans qu'on ait pu fatiguer le peuple de ce hideux spectacle; il est vrai que la vertu finit toujours par triompher des embûches qu'on lui tend, et qu'on n'a jamais donné aux spectateurs le chagrin d'aller se coucher avant d'avoir vu le crime bien et dûment puni.

Chaque soir la morale publique est vengée à Paris en deux ou trois endroits; chaque soir le crime succombe entre dix et onze heures ; ce qui doit compenser suffisamment le chagrin qu'on éprouve en voyant précisémeut le contraire dans la société.

Les deux théâtres voisins rivalisent de gloire et de profit; tour-à-tour l'un l'emporte sur l'autre pour la beauté des décorations, le choix et le mérite des pièces ; l'avantage reste peut-être à l'Ambigu pour l'ordre, le goût, la propreté, le tact des convenances, et même les égards envers le public qui paye sans jamais se lasser, ni ré-clamer.

La salle de l'Ambigu n'est ni très vaste, ni fort bien décorée; mais celle de la Gaîté ne gagne point à la com-

paraison. Je finirai ce chapitre par la
copie exacte de la lettre que m'a écrite
un provincial qui, comme moi, ex-
plore les curiosités de la capitale, et
cherche à se rendre compte de l'en-
gouement aveugle de nos pareils pour
tout ce qui se voit à Paris.

« Mon cher ami,

» Je suis du Havre, comme vous le
savez ; à force d'entendre dire qu'il
faut avoir vu la capitale au moins
une fois en sa vie, je me suis décidé
à venir à Paris. J'aime par-dessus tout
les plaisirs du théâtre; or vous n'igno-
rez pas, tout provincial que vous êtes,
que nous possédons actuellement au
Havre une des plus belles salles des

départemens. * Par suite de la haute idée que j'avais conçue de la ville par excellence, il me semblait que tout y devait être magnifique; aussi quelle a été ma surprise il y a plusieurs jours!

» Voulant voir tous les théâtres, l'un après l'autre, en procédant par ordre, il m'est venu dans l'idée de commencer par *le théâtre de la Gaîté*, le dernier dans l'ordre d'éloignement, par rapport au quartier que j'habite.

* La salle des spectacles du Havre est en effet fort belle; elle fut inaugurée il y a trois ans à peine; à cette occasion un des acteurs de la troupe fut chargé de réciter un discours en vers composé *ad hoc* par M. Casimir Delavigne, que la Normandie a vu naître.

Je me figurais, à l'avance, une salle gaie et commode, et surtout fraîchement décorée. Représentez-vous, mon ami, la surprise que j'éprouvai en entrant dans l'espèce de *tabagie* où *le Solitaire du Mont-Sauvage* et *la vertueuse Élodie* soupirent, avec quelques autres héros de même force, leur pathos romantique et leurs phrases de longue haleine!

» On se trouve d'abord dans un vestibule enfumé où le tambour-major du régiment d'infanterie qui est en garnison chez nous ne se tiendrait pas debout, même en ôtant son *colback;* on passe de là sous deux voûtes souterraines éclairées par un réverbère qui doit être contemporain des beaux

temps de Nicolet. Au fond de ce corridor on trouve une espèce de Parque,
aveugle et sourde, qui, d'une voix sé-
pulcrale, vous demande votre billet.
Lorsqu'on a satisfait à sa demande,
on pénètre, à tâtons, dans un triste
parquet garni de quelques sales banquettes qui réclament, depuis vingt
ans au moins, les secours du tapis-
sier, et l'on se place derrière une
vingtaine de musiciens, vieux prêtres
d'Apollon qui n'ont pas l'air d'être là
pour sacrifier au dieu de l'harmonie.

» Un lustre à l'huile, où j'ai compté
dix-sept quinquets, est chargé de l'é-
clairage du temple ; on ne saurait s'acquitter plus mal de cette importante
fonction. Mais c'est la décoration de

17.

la salle qu'il faut voir!... Je me tais
sur l'odeur fétide qui s'exhale de divers points : les matelots bretons, mon
cher ami, les matelots bretons sont à
l'eau de rose.

» Je ne vous dirai rien des pièces
que j'ai vues ; elles sont étrangères à
mon sujet, autant qu'au titre que
porte le théâtre. Au milieu d'un entr'acte, je me suis procuré le plaisir de
voir le foyer. Figurez-vous une grande
chambre enfumée, une manière de
corps-de-garde où sont des banquettes
tachées d'huile et quelques fauteuils
en lambeaux ; une vaste cheminée où
reposaient deux tisons éteints ; une
glace chargée d'inscriptions tracées
avec le bout du doigt ; enfin quelque

chose de ressemblant à un lustre et qui répand sur tout cela une lumière pâle et douteuse.

» Voilà, mon ami, une description abrégée de ce qu'on appelle à Paris le *théâtre de la Gaîté*. Je visiterai successivement les autres salles ; en attendant, je soutiens que l'ancien théâtre de notre ville de province était un lieu de délices, comparé à celui dont je viens d'avoir l'honneur de vous parler.

» Je suis, etc., etc., etc.

» Paris, ce.... 1825. »

CHAPITRE XVII.

LES RESTAURATEURS A VINGT-DEUX SOUS. *

J'AVAIS, en débarquant à Paris, des lettres de recommandation pour un riche banquier qui n'a pas toujours joui d'un crédit illimité. Sa bourse, à

* J'ai dû prendre un terme moyen : il y a des *restaurateurs* dont les dîners sont cotés à *seize sous*.

l'époque où il débuta, avait justement
les dimensions de la mienne au moment où j'écris. J'ai l'honneur d'être
admis une fois par mois à sa table, au
sein de sa famille ; il est Auvergnat,
comme moi, et ne rougit pas de son
origine : alors qu'on a fait fortune par
des moyens honnêtes, plus le point de
départ est éloigné du point où l'on se
trouve, plus on est recommandable à
tous les yeux. Mon banquier a fréquenté jadis ces établissemens montés
sur un pied si simple, où l'on donnait
à manger, de son temps, à des prix
plus modestes encore que chez les petits restaurateurs à qui ce chapitre est
consacré; il ne craint pas d'en convenir. C'est la preuve d'un bon esprit.

Quel appétit j'avais, me dit-il quelquefois à dîner, en se servant avec indifférence d'un mets exquis auquel il ne touche pas; quel appétit, bon Dieu! lorsque j'allais manger rue de la Parcheminerie, chez *Flicoteau*, ou chez *Bouteville*, à trois, quatre et cinq sous le plat! Ce fut le plus beau temps de ma vie. J'avais dix-neuf ans, une santé de fer et six cents francs à dépenser par an, bon gré malgré. J'ai maintenant de la richesse, du crédit; on me vante à la Bourse et chez tous mes commettans; mais cette heureuse tranquillité de l'âme, mais ces désirs si promptement satisfaits, mais cette gaîté, cette douce insouciance, et surtout cet appétit qui renaissait autant de fois que je pouvais me mettre à table, tout cela m'a fui.... »

Il me demande alors avec curiosité des détails sur l'état actuel de la cuisine des restaurateurs de la petite propriété, sur les habitudes des commensaux, sur le prix des mets; et les récits que je lui fais le reportent à l'heureuse époque où il mangeait, digérait et dormait à merveille. Au moyen du souvenir on vit heureux dans le passé quand le présent nous est à charge, et l'on se console de ce qu'on est par ce qu'on fut.

Les restaurateurs à vingt-deux sous sont la parodie exacte des grands restaurateurs : la carte n'a pas deux pouces de moins, le nombre des plats

est presque le même en apparence,
et s'ils n'existent pas dans la cuisine,
ils sont au moins imprimés pour mémoire. On est quitte pour s'entendre
dire par le garçon ou par la fille : Le
mets que vous demandez vient de
finir à l'instant même. O vous que la
nature a doués d'un appétit un peu
solide et que la fortune n'a pas favo-
risés de ses dons, n'entrez pas dans
ces modestes chapelles élevées à Comus, vous y seriez condamnés en
pure perte au supplice de Tantale !

On donne, ou plutôt on promet,
pour la modique somme d'un franc
dix. centimes, un potage, deux et
quelquefois trois plats, du dessert, un
carafon de vin *et du pain à discré-*

tion. Figurez vous, lecteurs, ce que tout cela peut être ? Notez que ce qu'on appelle *le potage* est servi pour l'ordinaire dans une belle écuelle d'argent; que le linge est fort propre, et que le cristal brille de tous côtés. Notez encore qu'en prenant à l'avance un certain nombre de cachets, on réduit le prix de chaque dîner de dix centimes. Il n'y a donc de *positif* dans ce qu'on vous sert que le pain ; le bouillon est une eau grasse colorée avec du caramel ; les viandes se composent de morceaux de rebut achetés presque pour rien. A la vérité, on vous les offre en quantité si minime, que le consommateur peut difficilement s'apercevoir de leur qualité malfaisante ; le poisson est précisément dans le même cas. Enfin chaque plat ressemble à un échantillon du mets dont la carte indique l'existence.

Ceci est surtout applicable aux petits restaurateurs qui se sont établis dans les Leaux quartiers ; la cuisine des traitéurs du quartier latin, où les étudians en droit et en médecine sont condamnés à prendre leurs repas, est plus saine ou plus abondante. On y est servi plus en concience. Mais soyons justes : qu'exiger d'un pauvre diable de traiteur qui paie un loyer énorme, des contributions accablantes, qui doit élever sa famille ; entretenir ses domestiques, tenir son établissement sur un pied ruineux de luxe, d'élégance et de propreté, et qui vous fait faire un repas pour un peu plus d'un franc ?

Le premier besoin est pour beaucoup de gens, à Paris, d'être vêtus ce qu'on appelle décemment, c'est-à-dire avec une sorte de recherche ; ces gens-là songent à se costumer élégamment avant de s'occuper de leurs moyens d'existence. Il y en a d'autres qui comptent sur leur habit même pour dîner ; d'autres qui se refusent le strict nécessaire en cachette, pour paraître moins pauvres à tous les yeux ; d'autres enfin qui sont naturellement sobres, et se contentent du plus modeste repas, alors même qu'ils pourraient en faire un bon : ces derniers sont les moins nombreux.

C'est à tous ces braves gens et à quelques autres encore, que sont ouvertes les portes des *restaurateurs* à vingt-deux sous. Il n'est guère de mot qu'on ait plus cruellement détourné de sa véritable acception : nous venons de voir comment on est *restauré* dans ces sortes d'endroits.

Cependant le plaisir aime à pénétrer dans le plus modeste asile ; il n'est pas rare de voir chez *Tabar* des réunions fort bruyantes, où l'on sable un vin de Bordeaux qui doit à la longueur de son bouchon l'honneur de passer pour tel, ou du Champagne qui emprunte son impétuosité à des moyens que réprouve Hygie aussi bien que le dieu de la treille. On fait aussi des *extra* chez ces modestes desservans du culte de

Comus ; tout s'y paie aussi cher qu'ailleurs, et l'on n'est pas rigoureusement
en droit d'exiger que la qualité des
consommations réponde à leur prix.
Le provincial inexpérimenté qui, par
économie, a conduit un compatriote
chez un restaurateur *à prix fixe*, et
qui n'a pas suffisamment comprimé
l'élan de sa générosité, se trouve tout
surpris, en jetant un coup - d'œil sur
la *carte à payer*, de voir qu'il dépense, pour mal dîner, tout juste un
peu plus qu'il ne lui en aurait coûté
pour faire un bon repas dans une
maison famée.

Il n'est rien dont on ne s'avise à
Paris : chez nos premiers restaurateurs, les impôts que lèvent les gar-

çons sur les allans et venans, sont réunis dans un tronc placé à cet effet sur le comptoir; ces garçons ne sont pas autrement rétribués, et cependant ils se trouvent fort contens de leur sort. Mais si le député qui ne dîne pas ce jour-là chez un ministre, si le voyageur opulent, si le receveur-général en congé, qui va faire un repas de gourmet chez *Véry*, *aux Frères Provenceaux*, *au Rocher de Cancale*, si tel Anglais gourmand veut bien donner vingt sous au garçon, le consommateur affamé qui s'asseoit un instant aux tables de *Tabar*, balance un peu avant de lâcher la pièce de deux sous, et souvent même s'abstient de la tirer de sa poche quand elle y existe. On

a donc senti que des garçons mour-
raient de faim en donnant à manger
au public, et l'on a fait choix, chez
presque tous les restaurateurs du bas
étage, de jeunes et jolies filles dont le
doux regard pénètre jusque dans la
bourse du nécessiteux. O connaissance
du cœur humain, science unique et
qu'on ne saurait trop cultiver, de
quelle indispensable nécessité n'es-tu
pas à Paris! On éconduirait un garçon
honnête, empressé, complaisant; mais
comment refuser deux beaux yeux qui
semblent dire, comme dans *monsieur*
Deschalumeaux :

Donnez quelque chose à la fille !

CHAPITRE XVIII.

LES COTERIES.

Nul n'aura de l'argent que nous et nos amis.

LORSQUE j'habitais modestement le fond d'une province éloignée, avant de me risquer sur la grande scène du monde et de venir jouer un rôle à Paris, je regardais en pitié les efforts de certaines coteries locales, dont j'étais la victime ou le témoin ; il me semblait que

tout ce que je voyais n'avait d'analogue
nulle autre part, et que ce petit manége s'arrêtait aux confins de ma sous-
préfecture. Je me disais : En quel endroit une demi-douzaine d'individus
sont-ils parvenus à s'arroger les droits
de tous? Où voit-on quelques personnes
exercer seules une industrie permise
aux autres comme à elles, et crier
plus fort que celles qu'elles oppriment,
dès qu'on cherche à rétablir l'équi-
libre? Y a-t-il ailleurs qu'ici un
sous-préfet qui tranche du petit sou-
verain, un maire qui se croit *chez lui*
dans toutes les rues de la ville qu'il
administre, un adjoint qui prend des
airs de ministre, un brigadier de gendarmerie qui se fait rendre les hon-

neurs militaires par le garde-cham-
pêtre de la commune ; un garde-cham-
pêtre qui, lorsque bon lui semble,
arrête les villageois, les désarme et
dresse procès-verbal de ses propres
impertinences? Cela ne se rencontre
que dans les petites villes, me disais je :
ailleurs les pouvoirs sont limités, pon-
dérés (comme disent les publicistes) ;
chacun sait dans quel cas il peut commander, en quel moment il doit obéir.
Dans une grande ville, on n'étouffe
l'industrie de personne ; chacun est
libre d'exploiter la sienne propre ; avec
de l'esprit et des talens on arrive à
tout, à la fortune, aux emplois, aux
honneurs. Vous sentez-vous de la vocation pour le commerce? il ne faut

que prendre une patente. Avez-vous du goût pour les arts? il ne tient qu'à vous de peindre ou de sculpter. Êtes-vous né poète? on vous achète vos vers. Vous sentez-vous entraîné vers le théâtre? un jury d'examen composé d'hommes probes, que vous ne connaissez pas, qui ne juge que vos ouvrages, vous admet ou vous refuse, selon qu'il est averti par sa conscience et ses lumières. Le public, composé d'élémens étrangers les uns aux autres, casse ou confirme les jugemens; et si vous êtes maltraité par lui, au moins pouvez-vous dire pour consolation : Aucune coterie ne m'a condamné sans m'entendre, ne m'a humilié pour en élever un autre, ou ne m'a barré le chemin pour livrer passage à un rival qui ne me vaut pas.

Voilà ce que je me répétais souvent avant de débarquer à Paris. Je me suis amendé depuis: à la cour, à la ville, au théâtre et partout, les coteries ont tout envahi, tout conquis, tout soumis à leur empire mesquin mais durable. Je me dis aujourd'hui :

Les récompenses civiles et militaires s'accordent aux coteries ; celles-ci parfois en font part au mérite, afin de l'empêcher de crier trop haut,

Les coteries décident des nominations académiques.

Ce sont les coteries qui arrêtent que tel nain inaperçu deviendra un grand homme à dater de tel jour,

Les coteries forment l'opinion et donnent des porte-feuilles.

Sans les coteries, n'espérez pas de vous faire un nom.

Il faut un chef, une idole à chaque coterie ; il lui faut des victimes et des sacrificateurs : le hasard désigne les uns et les autres.

Ce sont les coteries qui conduisent tour-à-tour l'homme puissant, qui croit se gouverner d'après ses propres impressions.

Les coteries ôtent, rendent, reprennent, redonnent le pouvoir à qui elles veulent.

Enfin les coteries sont les reines du monde.

Avant d'entreprendre quelque chose

à Paris, il faut commencer par s'associer à une coterie influente. Plus vos projets sont vastes, plus il devient nécessaire de vous appuyer sur quelque chose. Dès qu'il conçut le projet de s'emparer de l'autorité, Napoléon, qui s'y connaissait, s'assura la coterie dominante.

Les fautes d'un homme ont préparé certain grand événement ; une coterie en a décidé le succès.

Une autre coterie, née de la première, décide aujourd'hui de tout ; elle dispense les faveurs, elle règne exclusivement....... Une coterie n'est jamais détrônée par la raison ou la justice, mais bien par une autre coterie.

Une réaction, soit en bien, soit en

mal, n'est qu'un changement de coterie. Le bien public, l'ordre, l'intérêt général sont les mots d'ordre de
chacune.

Une coterie littéraire avait presque
décidé que M. le vicomte *** devien-
drait un grand homme ; le ridicule a
fait justice de cette prétention ; mais
le ridicule, s'il oblige encore un niais
à se taire, n'atteint guère les affaires
sérieuses ; ses traits acérés ne blessent
plus que quelques nains littéraires ; on
rit soi-même des camouflets qu'on reçoit, une fois qu'on est quelque chose ;
la politique brave le ridicule ; aussi M.
de N..., dont une coterie a voulu faire
un homme d'état, est parvenu à ses
fins ; on laisse plutôt arriver l'ambi-

tieux qui prétend à une domination
de fait, que celui qui prétend à la
domination de l'esprit. Cela s'explique
par l'insouciance des masses et l'amour.
propre de chacun en particulier.

Chaque branche d'industrie, chaque administration, chaque corps savant, chaque théâtre est dirigé par
une coterie. On pourrait s'étonner que
les changemens en tous genres ne
soient pas plus fréquens ; il n'y a presque toujours qu'à vouloir. Ah ! si les
hommes s'entendaient, dit-on quelquefois ; si les hommes s'entendaient, il
n'y aurait de stabilité nulle part.

Avant de faire le métier d'observateur, j'ai long-temps fait celui de dupe.
Il m'était venu dans l'idée que je pou-

vais arriver aux emplois : j'ai sollicité,
et, comme bien d'autres, je puis dire,
sans exagérer, que j'ai passé plusieurs
années de ma vie dans les antichambres. Souvent, après bien des peines,
des dégoûts et des humiliations , j'ar-
rachais une apostille à un savant de
distinction, à un personnage que je
croyais puissant; mais il n'était pas de
la coterie à l'ordre du jour, et l'on
parvenait aisément à m'éconduire. Je
m'adressais à un autre, il venait d'en
changer. Un troisième arrivait à se faire
recevoir, précisément à l'époque où la
coterie dominante était dominée à son
tour.

Forcé de renoncer à l'idée agréable
de dévorer une faible partie de ce grand

gâteau qu'on nomme *le budget*, je
voulus parcourir la carrière du théâtre ; et comme je me croyais autant de
mérite que MM. A. , B. , C. , D., je fis
tout seul trois ou quatre petits chefs-
d'œuvre que je présentai modestement à un petit théâtre. On exigea la
remise préalable de mes manuscrits
au bureau de la direction ; je me con-
formai à cette règle, établie à dessein
pour les auteurs « qui n'ont pas encore
été joués. » Au bout de six mois au plus,
je reçus une lettre où l'on m'expri-
mait, dans les termes de la plus fine
politesse administrative, tout le chagrin qu'on ressentait de ne pouvoir ad-
mettre mes ouvrages. Six mois après ,
j'eus la satisfaction de voir qu'on était re-

venu sur le premier jugement qu'on en avait porté : mes ouvrages, dont on avait changé les titres et le nom de chaque personnage, furent joués sous le nom et au bénéfice de MM. A., B., C., D., les chefs de la coterie dramatique du théâtre où je m'étais présenté.

Désespéré de ne pas réussir de ce côté, je me retourne d'un autre : un directeur obligeant et surtout poli, cède à mes importunités et consent, par faveur spéciale, à m'accorder un jour de lecture. J'arrive tout glorieux de ce premier succès et le manuscrit en poche ; on m'écoute en silence et très froidement ; j'attends avec une impatience assez vive ; on m'a jugé : tous les aréopagistes s'accordent à dire que mon sujet a été traité, à un autre théâtre, avec infiniment plus de goût, d'esprit et surtout d'adresse... Je fus obligé de convenir de ce dernier point. On me donna poliment à entendre que j'étais un plagiaire, et je fus éconduit de nouveau. Une pièce, sur laquelle je comptais beaucoup, eut quelque temps après le même sort : j'avais eu l'imprudence de parler de mon sujet à un *ami intime ;* il était d'une coterie assez puissante ; il fut joué et sifflé cinquante fois de suite, et toucha un millier d'écus de droits d'auteur.

Je me tournai vers les libraires : convaincu par le grand nombre de livres qu'on voit dans la circulation, qu'il ne faut pas tout l'esprit de Vol-

taire pour écrire un roman, fût-il
même en quatre volumes, j'en compose un et je le propose à un éditeur
connu. « Nous avons nos *faiseurs*, me
dit-il un jour : avez-vous déjà publié
quelque chose ? » Je réponds négative-
ment. « Eh ! Monsieur, me crie sa
femme, à laquelle je n'adressais pas
la parole, vous voulez que mon mari
vous imprime, et vous n'avez rien fait?
Allez, Monsieur, allez vous faire un
nom. »

Notez bien qu'il n'est pas de libraire
qui ne publie chaque jour des ouvrages
de coterie dont l'édition resterait in-
tacte dans leurs boutiques, s'ils ne
prenaient le sage parti d'en donner des
exemplaires aux journalistes de leur

coterie, qui par cela seul s'engagent à les trouver bons.

On s'étonne encore qu'un livre soit jugé détestable dans une feuille et trouvé bon dans une autre. Est-ce que les membres d'une coterie ne sont pas solidaires entre eux?

La coterie la plus nombreuse à-la-fois, la plus agissante et la plus redoutable, à Paris, est, sans contredit, celle des *méridionaux*. Les heureux individus qui la composent sont aptes à tous les emplois et propres à tous les grades ; telle est la puissance de volonté de chacun d'eux, qu'ils n'échouent que très rarement dans les entreprises qu'ils projettent ; pour arriver, tous les moyens sont bons ; à la

vérité, ils se montrent tour-à-tour, selon la circonstance, audacieux ou pa-
tiens. On connaît la devise de certain
grand fonctionnaire; elle peut servir
de preuve à ce que j'avance. Quelqu'un demandait à Chevert, qui de
simple soldat s'était élevé au grade de
maréchal de France, comment il avait
fait pour arriver si haut? « En me péné-
trant, répondit-il, de cette idée que
j'y devais parvenir. » Je ne sais si Chevert était gascon. Soyez tenace, ne
rougissez de rien, accrochez-vous à
une coterie, et vous arriverez.

CHAPITRE XIX.

LES CLAQUEURS OU LES BANDES DU LUSTRE.

Autrefois un auteur dramatique un
tant soit peu versé dans la connaissance des affaires de théâtre, ne con-
fiait pas plus qu'aujourd'hui au hasard
la réussite d'un ouvrage qu'il faisait
jouer ; mais comme tout n'était pas
encore arrivé au point de perfection
où nous touchons, il se bornait à réu-

nir *ses amis* avant la représentation, à les prêcher, à les endoctriner, à les bien disposer en sa faveur. Qu'arrivait-il ? Les amis, ou ceux que l'auteur traitait comme tels, ne se montraient pas assez chauds, assez bruyans ; l'enthousiasme ne les gagnait pas assez vite ; ils restaient souvent spectateurs paisibles des combats qui s'engageaient à l'improviste ; et quand la pièce tournait mal, ils abandonnaient l'auteur sur le champ de bataille, laissant la place aux connaisseurs, aux juges prévenus ou mal intentionnés, aux *cabaleurs* enfin. L'expérience apprit donc un peu tard aux fils de

____

* *L'acception de ce mot est totalement changée.*

Thalie et de Melpomène que *les amis*
tout seuls n'étaient bons à rien ; un
auteur fit ce vers :

Travaillez vos succès autant que vos ouvrages.

On comprit enfin la vérité de ces
sages paroles : Aide-toi, Dieu t'aidera,
et les claqueurs furent institués.

Le corps des perruquiers fut celui
qui fournit les premiers *Romains* ; *
et maintenant encore, c'est dans son
sein que se recrutent ces optimistes
gagés, ces *ventrus* de nos théâtres.

Chaque spectacle eut bientôt ses
claqueurs et son chef de cabale ; et
qu'on ne s'imagine pas que leur exis-

* Tel est le nom de guerre qu'on a donné aux
claqueurs.

tence ait jamais eu quelque chose de
secret, de caché, d'occulte; ils existent parce que telle est l'intention des
directeurs, des auteurs et des acteurs.

Un chef de cabale assiste aux ré-
pétitions générales des ouvrages qui
sont à l'étude; il note les couplets
et les scènes où l'on doit rire ou
pleurer, se taire ou crier *bis;* il
sait à l'avance en quel moment
on doit *chauffer* le public, pendant
quelle scène un acteur doit être en-
couragé, soutenu, applaudi; quels
sont les mots *à effet*, et ceux sur lesquels il est nécessaire de ne point appuyer. Son enthousiasme, auquel est
toujours subordonné celui de ses hommes d'armes, commence et finit à des

endroits convenus; il est rare qu'il se méprenne et laisse passer sans l'applaudir une tirade, un couplet, un vers sur lesquels on compte au théâtre : à des signaux convenus, les aides-de-camp préparent leurs *battoirs* ou tirent le mouchoir de leur poche ; ils ont à leur disposition le modeste éclat de rire et le rire immodéré. Quelquefois des exclamations leur échappent ; alors ils ne se contraignent plus et donnent un libre cours à leur joie ou à leur tristesse. Quelques auteurs du mélodrame ont des *pleureuses* à leur solde.

Un jour de première représentation, avant que les portes ne soient ouvertes au public, les claqueurs sont intro-

duits par une porte secrète dite *porte
de secours*, * comme dans les places

* Dans plusieurs théâtres, notamment dans
celui de *Madame*, il est rare qu'il soit délivré
dix billets de parterre au bureau; on est donc
sûr que la cabale hostile ne partira pas de ce point
redoutable; mais les précautions ne s'arrêtent pas
là : l'expérience, qui est un grand maître, a appris aux intéressés que les loges du rez-de-chaus-
sée, dites *les baignoires*, pouvaient recéler des
malintentionnés; on ne délivre pas non plus de
billets pour ces sortes de loges. Elles sont remplies
à l'avance d'amis de la direction, sur lesquels on
croit pouvoir compter, ou de journalistes et de
leurs parens, lesquels gardent une stricte neu-
tralité. Par ce moyen, les gens qui croient que
le droit de siffler

Est un droit qu'à la porte on achète en entrant,

sont forcés de se réfugier dans les premières et les

20.

de guerre ; ils garnissent toutes les banquettes et préludent au succès. C'est alors que le chef, quand il n'a pas pu le faire au cabaret où tous se réunissent, donne ses instructions et distribue ses plus vaillans soldats sur les points vulnérables ; car parfois le public impatienté tombe sur les claqueurs et les traite comme ils le méritent. Ces sortes de cas sont

secondes loges ; là on les voit, on est en présence, et quelquefois le cri : *A la porte!* que les claqueurs vocifèrent au moindre signe de mécontentement qu'on donne, force les perturbateurs à la retraite, ou tout au moins au silence.

On s'abstient aussi, les jours de première représentation, de délivrer des billets pour les logés du cintre. La raison est la même.

devenus très rares : le parterre appartient presque partout aux *chevaliers du lustre.*

Quant aux moyens d'existence des chefs de cabale et des claqueurs, je renvoie le lecteur curieux au chapitre de ce volume, intitulé : *Madame Bolivar.*

On a fait, ou plutôt on a eu l'air de faire à plus d'un théâtre des efforts pour en extirper les claqueurs; partout l'amour-propre s'est mis à la place de la justice. Les auteurs ne sont pas les seuls coupables : les actrices veulent être *soignées* à leur entrée en scène ou au moment où elles rentrent dans la coulisse; les acteurs, même ceux qui jouissent d'une réputation de

talent justement méritée, ont suivi
cet exemple; ils sont persuadés que
les applaudissemens payés du lustre
donnent l'impulsion aux spectateurs
payans; c'est une erreur, mais une
erreur qu'il est presqu'impossible de
déraciner.

Il est quelques auteurs de bonne foi
qui font des vœux sincères pour la ces-
sation de ce scandale; mais la majeure
partie des écrivains, vaudevillistes et
autres, se trouvent trop intéressés à la
conservation de ce pitoyable ordre de
choses. Presque tous les théâtres sont,
un peu plus, un peu moins, sous l'empire du monopole; or, les monopoleurs,
les fournisseurs exclusifs d'un théâtre,
verraient avec peine que d'autres au-

teurs leur disputassent le terrain qu'ils
exploitent; les claqueurs, depuis le
temps qu'ils se soutiennent mutuellement, sont vendus à leurs intérêts, et
craindraient de perdre au change en
embrassant les intérêts d'un débutant.
On sait quel est le chef de cabale qui
entreprend les succès de MM. les auteurs de tel ou tel théâtre. Il est à leur
dévotion, autant qu'à celle de l'administration. Le directeur du théâtre de
MADAME passe pour avoir fait faire des
progrès immenses à l'art du claqueur. *

* Un jeune homme qui n'avait fait jouer que
deux ou trois ouvrages, et qui n'était pas encore
initié à tous les secrets, voit, un matin, entrer
chez lui un *Monsieur* fort élégant, portant des
besicles, qui, après plusieurs complimens, lui

L'existence des chevaliers du lustre
est donc une plaie honteuse que l'on
offre ses services. Le jeune homme le prie de
s'expliquer. « Monsieur, dit-il, c'est moi *qui fais*
les pièces de MM. tels et tels. — Que voulez-vous
dire ? — Monsieur ne comprend pas ? — Nulle-
ment : j'avais cru jusqu'à présent que ces Messieurs faisaient eux-mêmes leurs pièces. — Vous
n'y êtes pas : c'est moi qui les fais réussir ; » et
un geste expressif achève de donner au jeune
homme l'explication de cette énigme.

On assure que M. Guilbert de Pixérécourt,
actuellement directeur du théâtre de l'Opéra-
Comique, autrefois auteur de mélodrames, fait
une pension à la veuve d'un perruquier, qui,
par des moyens divers, avait puissamment con-
couru au succès de ses ouvrages.

Le chef de cabale d'un des principaux théâtres
de Paris, est père d'une fille en âge d'être mariée,
consulté un jour sur la dot qu'il pourrait lui

ne saurait guérir, parce que trop de gens sont intéressés à l'entretenir telle qu'elle est.

Quelque féconds que soient cinq ou six auteurs privilégiés de nos théâtres secondaires, et malgré le brillant de leur esprit, il est démontré jusqu'à l'évidence que les trois quarts au moins des pièces qu'ils font représenter, tomberaient à la première représentation, ou après deux ou trois épreuves successives, si les directeurs abandonnaient ces Messieurs à leurs

faire, il répondit : « J'espère lui donner en mariage le Théâtre-Français, et peut-être même l'Opéra (c'est-à-dire un mari qui sera chargé officiellement *de faire* les pièces de ces deux théâtres.)

propres forces; on veut ne pas courir toutes les chances d'insuccès, et l'on appelle à son secours, comme un auxiliaire puissant, le noble corps des claqueurs.

Il s'élevait, naguère encore, dans les théâtres de cette ville qu'on désigne comme la capitale du monde civilisé, des disputes qui se terminaient presque toujours par des scènes sanglantes. Forcés d'abandonner le parterre, les gens honnêtes ont sagement renoncé à toute opposition : lorsqu'une pièce est jugée mauvaise, au lieu de siffler, on hausse les épaules, on s'éloigne du théâtre où la maintient un esprit de coterie, et l'on attend que la voix publique, bien plus encore que les jugemens des journaux, ait donné la mesure de son mérite véritable.

Je ne veux pas fixer trop long-temps l'attention du lecteur sur la plus vile engeance qui existe ; il faut bien se garder de fouiller trop avant dans les détails de la vie privée de certaines classes de la société : arrêtons-nous à la superficie. Toutefois n'oublions pas de remarquér que beaucoup d'écrivains estimables qui consacrent leurs veilles au culte des muses, ne trouvent qu'avec peine le moyen de vivre honorablement, et finissent trop souvent par mourir misérables ; tandis que les chefs de cabale de cinq ou six théâtres de la capitale ont des fonds placés, ou sont propriétaires de maisons qu'ils ont acquises à la sueur de leurs mains.

CHAPITRE XX.

STATISTIQUE. — HÔPITAUX.

ABANDONNONS, pour quelques instans, le tableau des ridicules et des
travers de ces frivoles Parisiens, et
pénétrons dans les asiles du malheur
que des âmes bienfaisantes ont ouverts à la faiblesse humaine : ici tout
est grave et sérieux ; la folie y conduit
nombre de malheureux par des che-

mins différens qu'elle a soin de se-
mer de fleurs, et cependant elle est
consignée à la porte ; il n'y a de place
que pour ses victimes.

Paris renferme dans sa vaste en-
ceinte autant d'hôpitaux que de salles
de spectacle.... En voici les noms ; je
place les établissemens par ordre d'importance :

La Salpêtrière. Elle est destinée aux
femmes indigentes, malades et autres.
Cet hôpital renferme jusqu'à cinq
mille individus.

Bicêtre. On y reçoit les vieillards
infirmes, les fous et les détenus pour
divers crimes : le nombre des lits
passe trois mille.

L'Hôtel-Dieu. C'est là que sont

transportés les gens blessés acciden-
tellement : le nombre des lits est de
mille.

L'HÔPITAL SAINT-LOUIS possède sept
cents lits.

LA PITIÉ en a six cents.

L'HÔPITAL SAINT-JACQUES. Il est des-
tiné à la guérison des maladies hon-
teuses. Cinq cent quatre-vingt-neuf lits.

LA CHARITÉ, trois cent treize lits.

L'HÔPITAL SAINT-ANTOINE, deux cent
soixante-six lits.

BEAUJON, cent quarante lits.

NECKER, cent trente.

COCHIN, cent dix-huit.

Total, onze mille huit cent cinquante-
six lits préparés pour les infortunés
d'une seule ville !

Je ne comprends là-dedans ni l'hôpital des *Enfans-Trouvés*, ni celui des *Enfans malades*, ni l'*Hospice de la Maternité*, où l'on reçoit les pauvres femmes enceintes.

Tous les hôpitaux sont richement dotés. *

Le produit de l'impôt qu'on perçoit à la porte des théâtres, *pour les pauvres*, est versé dans la caisse des hôpitaux; il s'est élevé pour 1823 seulement, à une somme de six cent mille francs.

* Veut-on avoir une idée de la propreté qui règne dans ces établissemens : à l'Hôtel-Dieu, toutes les salles sont cirées et frottées chaque jour comme les salons d'une Excellence. On remplace peu à peu les anciens lits en bois, dont on connaît les inconvéniens, par des lits en fer.

21..

Le prix moyen de la journée d'un malade, dans tous les hôpitaux, moins la *Salpétrière* et *Bicètre*, qui s'administrent à part, varie d'un franc cinquante centimes, à un franc quatre-vingt-dix centimes.

Il a été reçu dans les divers hôpitaux (exception faite des deux établissemens que je viens de nommer) soixante-cinq mille cinq cent quatre-vingt-douze individus dans le courant de l'an 1823.

Le nombre des morts a été de cinq mille sept cent six, pendant le même espace de temps.

L'entretien de ces établissemens a coûté, en 1823, neuf millions huit cent quinze mille trente-un francs, onze centimes.

Les revenus annuels s'élèvent à une somme un peu plus forte.

Le nombre des enfans trouvés était, au 1er. janvier 1822, de treize mille cent trente-cinq, dont cent soixante-treize à Paris, dans le sein de l'établissement, et douze mille neuf cent soixante-deux à la campagne placés en nourrice par les soins de l'administration.

Deux cent quatre-vingt-sept ont été remis aux parens dans le courant de l'année.

Neuf cent vingt sont sortis de pension, ont fini leur apprentissage et sont entrés dans le monde.

Trois mille quatre cent quarante-un de ces petits malheureux sont morts en une année!

Il en a été reçu pendant l'an 1823, cinq mille trois cent quatre-vingt-trois!!!

L'hospice des Enfans-Trouvés a coûté, pour le même temps, un million quatre cent quarante-un mille sept cent soixante-dix-huit francs.

La dépense moyenne pour chaque enfant, et par an, est évaluée à soixante-dix-sept francs quatre-vingt-cinq centimes. En supposant qu'il en coûte moitié plus pour élever particulièrement un de ces petits êtres, c'est faute d'une somme de moins de deux cents francs (qui ne se dépense que par douzième), qu'une femme dont le cœur s'ouvre si aisément aux douceurs de la maternité, qu'une mère est forcée de renoncer à donner le sein à son enfant!...

Aucune administration ne saurait être placée au-dessus de celle qui régit les hospices de Paris, pour l'ordre et l'intégrité.

Une commission administrative, qui n'opère que d'après les ordres d'un conseil d'administration, est chargée du travail; elle se compose de six membres, d'un secrétaire-général, d'un caissier et d'un contrôleur rétribués.

Le conseil d'administration est composé de dix-sept membres honoraires;

tous choisis dans les sommités de la société.* Il suffirait d'en nommer quelques-uns pour donner la plus haute, la plus noble idée des autres. Si l'on y rencontre le nom de M. Delavau, le préfet de police, on n'y voit plus figurer celui de monsieur le duc de La Rochefoucault-Liancourt, qu'un Ministre a destitué de ses emplois gratuits, afin sans doute d'honorer encore le nom de ce digne bienfaiteur de l'humanité. On n'a pu le destituer du cœur des pauvres. La postérité redira les vertus de cet homme vraiment

---

* M. le duc de La Rochefoucault-Liancourt, un des noms les plus respectables de l'époque actuelle, était de ce conseil ; on sait qu'il a été *destitué* ; et par qui il l'a été.

illustre et grand ; l'indignation des contemporains a déjà fait justice des nains obscurs qui ont cru s'illustrer aussi en le persécutant.

CHAPITRE XXI.

LES FIGURANS.

Il se pourrait bien que plus d'un lecteur se mît à sourire dédaigneusement en lisant le titre de ce chapitre : *les Figurans !* De quels figurans veut-il parler, des figurans de théâtre ? Précisément. C'est un métier comme un autre ; et ceux qui l'exercent sont en asséz grand nombre à Paris pour mériter une mention particulière et même honorable.

Répondez-moi, spectateurs si vains, qui regardez en pitié le malheureux à qui l'on fait endosser, pour quinze ou vingt sous par jour, toutes les casaques et arborer tous les étendarts ; répondez-moi : quelle différence y a-t-il entre cet honnête figurant, qu'on arme aujourd'hui d'une lance, demain d'un fusil ; qui se bat au premier acte pour un prince dont il déserte la cause au dénoûment ; qu'on couvre de tous les uniformes, qu'on chamarre de toutes les distinctions ; qui crie à présent : *vive le roi !* qui criera tout-à-l'heure : *vive la ligue !*

qui reçoit enfin le matin la consigne
de ce qu'il doit faire le soir ; quelle
différence y a-t-il entre ce pauvre diable, qui du moins ne trahit les intérêts
de personne, et cette marionnette politique qui s'est vendue à tous les par-
tis, dont les nombreux sermens sont
consignés officiellement en vingt lieux,
qui s'est parjurée autant de fois que le
pouvoir l'a voulu, dont tous les ambitieux ont tenu les fils ?

Répondez, répondez franchement :
à qui reste l'avantage de la comparaison., n'est-ce pas au *figurant* ?

Et dites-moi : que sont tous ces soi-
disant conseillers, ces magistrats pré-
tendus, ces excellences qu'on impro-
vise, et ces diplomates qu'on fait et dé-

fait à volonté ? Que sont tous ces courtisans si vils et si vains, si fiers de la
livrée qu'ils portent ? des figurans.
Soyez assez adroit, devenez assez puissant pour vous élever sur un grand
théâtre, ils seront promptement à votre
solde ; ils s'empresseront d'arborer vos
couleurs et de ramper par le flanc
droit ou le flanc gauche à votre com-
mandement. Ils figureront dans tous
les sens à votre volonté, jusqu'à ce que
la scène change ou que la pièce finisse,
ou que vous leur fassiez banqueroute
en cessant de mettre un prix à leur
dévouement.... Revenons aux figurans
en titre.

Les figurans de l'Opéra sont placés
tout naturellement au degré le plus

élevé de considération parmi leurs
semblables ; viennent ensuite les com-
parses des autres théâtres royaux et
ceux des théâtres secondaires. C'est
parmi les bataillons de vétérans que se
recrute ce corps utile ; il y a cependant
des figurans qui ne sont pas placés
sous l'autorité immédiate du ministre
de la guerre, et qui relèvent simplement de l'autorité civile. *

* A l'Académie royale de musique, au Théâtre-Français, à l'Odéon, on choisit de préférence des vétérans pour figurer. Le prix moyen
est de quinze sous. Pour cette somme ils sont
obligés de marcher au combat, et même de se faire
tuer... pour rire, s'ils en reçoivent l'ordre. On ne
paie pas aussi cher d'autres figurans, qui cependant se font tuer pour tout de bon.

Un bon figurant doit avoir fait abnégation de tout amour-propre ; il n'est, à proprement parler, qu'une machine agissante, une sorte de mannequin, un accessoire du costume qu'il revêt. C'est même ce qui complète la comparaison que je me suis permise plus haut. Un figurant peut être, dans la même soirée, soldat et paysan, maître et valet, homme et bête. On sait fort bien que l'administration de l'Académie royale de musique ne va pas chercher ses chameaux à la ménagerie royale du Jardin des Plantes, lorsqu'elle veut faire représenter *la Caravane du Caire* : elle a dans son sein des animaux de toute espèce ; c'est-à-dire qu'elle solde des figurans pour jouer toutes sortes de rôles. Tout le monde a entendu parler de cet employé respectable de l'Académie de musique, qui était parvenu, après vingt années de bons et loyaux services, *à jouer* les jambes de devant du chameau principal dans l'opéra que je viens de citer, et que des intrigues de coulisses, presqu'aussi actives que des intrigues de cour, avaient exilé dans les jambes de derrière. On n'a pu refuser, dans le temps, au figurant qui avait créé, à l'Opéra-Comique, le rôle de l'ours (*des deux Chasseurs et la Laitière*), une pension pour le faire subsister sur la fin de sa carrière dramatique.

Je me souviens qu'on a joué, il y a

quelques années, au Panorama - Dramatique (théâtre qui n'existe plus),
un mélodrame intitulé : *Ali Pacha;*
ce Turc farouche, enfermé dans sa
citadelle, finissait par s'y faire sauter
en l'air avec des barils de poudre auxquels il mettait lui-même le feu. Mais
avant d'en venir à cette extrémité, les
Musulmans de sa suite se battaient
cruellement contre les Grecs révoltés;
et comme ceux-ci étaient vainqueurs
au dénoûment, qu'ils n'y allaient pas
de main morte et traitaient fort mal
ces pauvres Turcs, les figurans à qui
on faisait prendre le turban tous les
soirs, voulurent un beau jour abjurer
en masse l'islamisme, et demandèrent
à se faire *Grecs*, attendu qu'ils étaient

roués de coups à l'issue de chaque bataille. On eut égard à leur demande,
et une décision administrative, qui re-
çut aussitôt son exécution, portait que
ces pauvres diables seraient *Turcs* et
Grecs à tour de rôle.

Les commencemens de la carrière
d'un figurant, ou, si l'on veut, ses
débuts, ne sont pas sans quelques
charmes. Quel plaisir en effet de changer tous les soirs de profession, de costume, d'armure et d'opinion ! Il y a
des gens qui se mettraient à figurer
rien que pour cela. Cependant comme
on se blase sur tous les plaisirs, que
le goût s'émousse, et que l'on finit toujours par regarder comme une fatigue,
un pénible travail, ce qui d'abord vous

semblait si doux et si facile à faire, il n'est pas surprenant qu'on trouve ennuyeux, à la longue, de toujours agir sans parler ; car il est bon de faire remarquer au lecteur qu'un figurant ne doit jamais ouvrir la bouche : consultez les anciennes tragédies, et même les mélodrames de nos jours, vous y lirez après les noms des personnages de la pièce : *peuples* et *guerriers*, PERSONNAGES MUETS. Entendez-vous, *personnages muets ?* * Grande et su-

---

* Il y a un cas où les figurans peuvent déroger à cette règle ; c'est quand le prince leur ordonne de jurer qu'ils le serviront fidèlement. Ils prononcent alors les mots : *Nous le jurons*, ce qui n'engage à rien, comme on sait, et produit un fort bel effet. Cela ressemble beaucoup à ce

blime leçon qui nous apprend qu'en aucun cas les masses, c'est-à-dire ce que les révolutionnaires appelaient *la nation*, ne doivent jamais opiner, et que de temps immémorial elles ont été condamnées au silence par la sagesse de quelques individus visiblement pri-vilégiés, et fondés des pouvoirs de là haut.

qui se passe en temps de révolution : survient un ambitieux qui dit au peuple : Jurez de m'obéir, et le peuple de jurer aussitôt. Arrive le seigneur légitime qui chasse son compétiteur et demande un serment nouveau. Tout le monde dit : *Nous le jurons*, jusqu'à nouvel ordre ; *e sempre bene.*

CHAPITRE XXII.

Il y a tant de choses à dire de *ce lieu de délices*, que je ne sais vraiment par où débuter : l'Opéra ! je ne connais pas de mot qui fasse naître un plus grand nombre de bizarres idées. « Je » vais à l'Opéra, je viens de l'Opéra, » je veux avoir loge à l'Opéra ; » long-temps il a suffi de prononcer ces diverses phrases pour faire autant d'envieux des gens qui vous écoutaient.

S'il n'en est pas précisément de même aujourd'hui, si la curiosité satisfaite est moins empressée, si l'on donne la préférence aux spectacles qui parlent plus à l'âme qu'aux yeux, si le premier théâtre du monde en est aussi le plus ennuyeux, si l'on s'est lassé de l'Opéra comme on se lasse de toutes choses, ce spectacle est encore digne d'une mention, et l'on peut toujours s'en occuper, ne fût-ce que pour en rire.

La haute société tient encore un peu à ce spectacle si pompeux; mais c'est bien plutôt par étiquette que par goût: il y a des dames qui vont à l'Opéra à-peu-près comme leurs aïeules allaient au sermon, pour s'y faire voir.

Sans *l'Académie* proprement dite
(celle où siégent les quarante sinécu-
riste du dictionnaire), il n'y aurait pas
d'Académie au monde dont on se soit
autant moqué que l'Académie royale
de musique ; c'est le but obligé, le
plastron de toutes les bonnes ou mau-
vaises plaisanteries, tant en vers qu'en
prose. Il faut convenir que les railleurs
ont beau jeu.

Une série presque non interrompue
de ballets soporifiques , de *poëmes* in-
signifians, de partitions sans couleur ,
avait lassé la malice des faiseurs de
quolibets :

Tout dormait, *et l'armée, et les vents, et Neptune,*

lorsque je ne sais quelle Excellence,

afin sans doute de détourner l'attention qui ne pouvait manquer de se porter tôt ou tard sur ses faits et gestes, peut-être aussi pour empêcher de voir combien elle était sérieusement ridicule, imagina de bouleverser l'administration de l'Opéra : à la tête de cette administration se trouvait un des premiers violons de l'orchestre, M. Habeneck, dont une ordonnance royale avait subitement fait un comptable ; il avait eu sa bonne part des lardons ; mais enfin il appartenait à l'Opéra, et pouvait dire avec une sorte de raison :

Nourri dans le sérail, j'en connais les détours.

Un beau matin, la sagesse ministérielle va tirer de son obscurité légitime un

honnête particulier qui régissait le dé-
pôt de mendicité de *Villers-Cotteret ;*
elle dit à ce brave homme :. « Tu seras
» directeur de l'Opéra , car tel est no-
» tre bon plaisir ; » et l'administrateur
d'une maison de correction échange sa
férule contre un bâton de commande-
ment, et un ancien capitaine vendéen
vient régner en sultan sur l'innocent
troupeau des filles d'Euterpe et de
Terpsicore. Mais ce n'est pas tout :
un très noble gentilhomme , qui se
trouve à la tête des *beaux-arts,* et qui,
dit-on, s'entend à gouverner des artistes
précisément comme un tambour ma-
jor s'entendrait à commander le régiment à la tête duquel il marche de droit,
un très noble gentilhomme décide que

l'Opéra a besoin d'être *régénéré;* il lance dans le monde un programme de concours où il déclare en termes formels, que l'on n'admettra plus à être représentés que des opéras monarchiques et des ballets religieux.

Alors on s'éveille : on rit, on siffle, on chansonne le pieux réformateur ; les journaux s'emparent de l'affaire, et frappent sur qui de droit avec l'arme du ridicule. Mais cette arme, encore si puissante naguère, est émoussée aujourd'hui : on s'en est si souvent servi contre la politique !

Tout reste donc *in statu quo,* et l'on se console en répétant ce vers de Gresset:

Les GRANDS *sont ici-bas pour nos menus-plaisirs.*

Je vais maintenant donner à mes

chers et bien-aimés provinciaux quelques détails sur l'ensemble de cette
grande machine, de ce temple élevé
aux plaisirs, aux amours, aux Grâces, à
la beauté, sous la protection de Plutus
et le patronage du dieu du commerce.

La nouvelle salle de l'Opéra est située rue Lepelletier; les étrangers
pourraient, à la rigueur, demander le
numéro de la maison, car la situation
de cette salle (n'en déplaise aux prô-
neurs) est un tant soit peu bourgeoise et mal choisie. Sa construction
ne remonte pas à plus de trois ans.

On s'accorde à la trouver belle; il
me paraît prouvé que les architectes,
en la construisant sur le modèle de la
Salle-Richelieu, ont habilement cor-
23..

rigé les défauts de cette dernière. Elle
est richement dorée et très vaste, presque toujours trop vaste pour le nombre des curieux que le spectacle attire.
Deux ou trois fois par an elle devient
trop petite, et c'est justement les jours
des *spectacles gratis*. Le foyer est ma
gnifique.

Les prix des places sont très élevés,
moins cependant qu'ils ne l'étaient
avant la révolution, toutes proportions
gardées. Le balcon coûte dix francs : c'est
le rendez-vous des amateurs de la vieille
roche ; ils ne le quittent guère défini-
tivement que pour se rendre au champ
du repos : là du moins on ne les éveille
plus ; le spectacle ne finit jamais. Une
place à l'orchestre ou aux premières

se paie sept francs cinquante centimes ; les autres places varient de quatre à six francs. Le parterre est à trois francs soixante.

L'Opéra occupe six cents personnes au moins ; il en fait vivre un bien plus grand nombre. Une subvention portée au budget de l'Etat, sert, avec les recettes des jours de représentation ordinaire, à acquitter les dépenses, qui sont effrayantes.

L'orchestre se compose de soixante-quinze musiciens, dont deux chefs, onze premiers violons, douze seconds, trois hautbois, trois flûtes (M. Tulou ne s'y trouve pas compris), trois clarinettes, quatre cors, quatre bassons, deux trompettes, trois trombonnes,

huit altos, dix violoncelles, huit con-
trebasses, un timbalier et un har-
piste. La plupart sont d'habiles professeurs.

Le jury de lecture est formé de dix-
huit membres que préside M. l'inten-
dant des Menus-Plaisirs : le brevet de
sa charge lui donne les connaissances
requises. Parmi ces dix-huit aréopagistes se trouvent six compositeurs. Au
nombre des *hommes de lettres* figure
un M. de N***, dont on chercherait en
vain les titres littéraires, et qu'on retrouve cependant au comité de plus
d'un théâtre : c'est, à ce qu'il paraît,
une espèce de *juge-né*. Un talent aussi
éminemment négatif fait regretter que
M. de N*** ne siége pas à l'Académie

française, entre M. d'Hermopolis et un autre évêque, au choix.

Le répertoire se compose d'une douzaine d'opéras, qui reparaissent sur l'affiche à des intervalles égaux, depuis le premier janvier jusqu'au dernier jour de l'an, comme certaines époques de l'année qui sont chômées par les fidèles; les jours d'Opéra ne sont pas cependant des jours de fête.

Le nombre des ballets n'est guère plus considérable que celui des poëmes chantés; le sujet de chacun d'eux est invariablement choisi par les chorégraphes dans le répertoire de tous les théâtres. L'invention est le côté faible de MM. les danseurs en général; des juges sévères vont jusqu'à leur refuser un peu d'esprit. Leurs œuvres ne réclament pas souvent contre cette injuste prévention.

Le personnel des danseurs est de trente-cinq ou trente-six ; celui des danseuses est de près de soixante, dont une vingtaine aux *appointemens d'encouragement*. Toutes les danseuses reçoivent, soit officiellement, soit en secret, « des appointemens d'encouragement ; » mais ils ne sont pas à la charge de la caisse de l'Opéra.

Ces différens nombres ne comprennent pas les figurantes et les choristes ; celles-ci ne sont considérées que comme *élèves*.

J'ai parlé du personnel de la danse, qui est le principal à l'Académie-

Royale de Musique ; venons au chant, qui en est l'accessoire.

On compte douze ou treize premiers chanteurs des deux sexes , quatorze basses-tailles ou secondes tailles , dix hautes-contres et une douzaine de premiers dessus, sans compter les seconds dessus et les chœurs.

Il y a une école de perfectionnement et une *école de grâce* ; la seconde est tenue par M. Vestris, fils *dou diou de la danse*, et danseur émérite.

Tout le monde sait qu'il existe, de temps immémorial, de très grands rapports entre les danseuses et la diplomatie : afin de faciliter ces rapports, dont l'interruption pourrait être fatale au bien des empires, on a pratiqué un passage secret qui conduit du théâtre dans la salle, et de la salle dans les loges de ces dames. C'est à l'Opéra que la police constate, quand elle le veut, la présence à Paris d'un membre du corps diplomatique qu'elle a pour un instant perdu de vue.

Je ne serais pas éloigné de croire que certains personnages, qui manifestent une si profonde horreur pour les chartes et les constitutions, ont fort bien pu se pervertir dans les coulisses de l'Opéra; en effet, ces messieurs pensent que les hommes doivent être menés à la baguette et traités en esclaves : c'est là précisément l'avis des beautés dont ils achètent au poids de l'or les faveurs, l'indifférence et quelquefois le mépris.

CHAPITRE XXIII.

L'ÉCARTÉ.

L'ORIGINE de presque tous les jeux que le grand monde adopte est obscure ou peu noble ; à la *bouillotte,* qui n'est autre chose qu'une imitation du *bre-lan,* a succédé l'*écarté,* qui n'est qu'une parodie de *la triomphe.* On a tort de comparer le succès qu'obtint, pendant la révolution, le premier de ces jeux, à la vogue incroyable dont

jouit aujourd'hui l'écarté. Je veux bien
convenir qu'on a long-temps joué à la
bouillotte dans les salons de tous les
coins de la France ; mais dans une
assemblée, quelque nombreuse qu'elle
fût, il n'y avait guère que les hommes
d'un âge avancé et les femmes qui ne
cherchaient plus à plaire, qui prissent
plaisir à s'exiler autour d'une table ron-
de. On ne voyait pas, comme à présent,
tous les âges, toutes les conditions s'occuper exclusivement du jeu. Tout le
monde joue aujourd'hui : vieillards,
hommes faits, jeunes gens, douai-
rières et femmes dans tout l'éclat de
la beauté ; le temps n'est pas éloigné
peut-être où les demoiselles elles-mêmes, jusqu'à présent confinées en-

semble dans un coin du salon, au lieu de maudire les joueurs et l'écarté, viendront aussi parier ou jouer comme leurs pères et leurs frères.

On ne cessera de se donner ce ridicule que quand tout le monde l'aura partagé. C'est ce qui arrive presque toujours.

À cet égard, les provinciaux n'ont rien à reprocher aux Parisiens, et ceux-ci ne sont pas en droit de se moquer des autres. La fureur est égale partout : on ne se réunit plus que pour jouer.

L'*écarté* a porté un coup funeste à la danse et surtout à ces éternels *jeux innocens* où une mère, qui ne souffrirait pas ailleurs qu'on déposât un

baiser sur la main de sa fille, est forcée de lui voir faire *le pont d'amour*
et *le baiser à la capucine.* Il n'y a
rien de plus niais à-la-fois et de plus
dangereux que *les jeux innocens :* ce
sont les saturnales des réunions bour-
geoises.

Ce qui distingue, encore à présent,
la province de la capitale, c'est qu'on
joue moins gros jeu dans toutes les
villes de France (Bordeaux excepté
peut-être) qu'à Paris. Il est assez
rare, surtout dans les commencemens
de partie, qu'on voye de l'or sur le tapis. Dans les soirées parisiennes on
joue actuellement jusqu'à des billets
de caisse.

Finira-t-on enfin par s'entendre sur

la valeur des mots ? Fait-on autre chose que se duper à *l'écarté?* Les règles du jeu étant d'une excessive simplicité, les finesses sont bien plutôt dans la manière de *demander*, d'écarter et de composer son visage ; on cherche à se faire tomber mutuellement dans toutes sortes de piéges, et tous les moyens semblent bons, pourvu qu'ils réussissent.

Est-ce donc autre chose que *friponner* rigoureusement parlant? Mais établissons une différence : est-il une seule personne qui n'ait pas vu, au moins une fois dans sa vie, une jolie femme s'approcher de la table et demander gracieusement à tenir les cartes, dans le dessein, conçu à

24..

l'avance, de tricher l'adversaire que le hasard lui donne, s'il est assez dupe ou, comme on dit, assez *bon* pour le souffrir.

Les femmes ne se font aucun scrupule (je parle en général) de tricher au jeu. Comme elles sentent bien plus vivement que nous, elles sont aussi bien plus sensibles à la perte ; toutes la supportent difficilement et se contraignent avec peine. J'ai entendu dire très sérieusement par de belles dames aux joueurs qui ne les ménageaient pas : « Eh ! quoi, vous me gagnez ; en vérité, cela est bien peu galant ! »

Il y a des haines de femmes pour certains hommes, dont il ne faudrait pas aller chercher la source ailleurs

que dans des pertes faites à *l'écarté*
par l'amant ou le mari qui leur est
cher. Cela peut paraître un peu fort ;
j'en demande bien pardon au sexe entier, mais ma remarque subsiste : toutes les faiblesses sont dans le cœur humain, et, je le répète, un cœur féminin est bien plus accessible aux impressions de toute espèce.

Le jeu de l'écarté passera de mode
assez difficilement ; il est facile à comprendre, à jouer, pour quiconque n'y
entend pas finesse et ne veut que se dis-
traire un moment de la danse ou des
conversations. Une partie est quelquefois achevée assez promptement pour
permettre à un jeune homme de sur-
veiller en même temps les intérêts de

son cœur dans la salle du bal , et ceux
de sa bourse dans les salons où l'on
joue. On mène de front une invitation
et un pari ; s'il résulte de cette double
occupation un peu d'embarras dans
les idées , on se rejette sur l'obligation
où l'on se trouve « de faire comme
tout le monde. »

Un des très graves inconvéniens de
l'écarté , comme jeu de société, est de
donner aux plus jeunes débutans la pos-
sibilité de perdre beaucoup d'argent
et d'échapper à la surveillance des
personnes qui les touchent de près.
Quand *la bouillotte* était le jeu à la
mode , il n'était pas possible au clerc
d'un notaire, au commis d'un agent-
de-change, de venir s'asseoir à côté de

son patron, et de s'exposer à perdre ou
à gagner de fortes sommes ; rien n'est
plus facile aujourd'hui : on ne prend
pas les cartes, mais on peut se mêler
dans la foule des parieurs, et risquer
plus qu'on ne possède sans s'exposer
à encourir le moindre blâme.

Si l'on avait à dresser l'acte d'accu-
sation du jeu de l'écarté, il ne faudrait,
pour le faire condamner par les gens
honnêtes, que jeter un coup-d'œil sur
ce qui se passe dans certaines maisons
publiques où l'on joue avec l'autorisation d'une police qui ne se pique pas
d'être aussi *morale* que l'Académie
de danse. * Ce jeu y est en grand honneur, on l'y joue presque constam-

* Voir le chapitre précédent.

ment. Ainsi que je l'ai fait remarquer dans mon premier volume , il est la cause cachée de ces réunions , dont es dîners à *table d'hôte* sont le prétexte. Il se trouve, dans ces sortes d'endroits, des *Grecs* moins héroïques que ceux qui soutiennent contre le Croissant l'honneur de l'ancienne Grèce. *Le roi* , dans ces endroits-là, fait le désespoir de plus d'un joueur de bonne foi , qui ne sait pas encore qu'il existe plus d'un moyen de faire paraître à propos cette carte privilégiée et protectrice.

Dans les soirées où les oisifs se portent en foule, il n'est pas aisé d'approcher les tables d'écarté : une quadruple haie d'intéressés en défend

les avenues. Ce n'est pas là qu'il faut
chercher des hommes polis et prévenans ; la soif du gain fait de chaque
invité un spéculateur avide qui ne
s'occupe que de lui : là, l'égoïsme
est sans masque. On ne se pique pas
d'une vaine politesse, et les deux
places à table sont enviées avec
d'autant plus d'aigreur et quelquefois
d'impertinence, qu'on est séparé du
reste de la société, isolé, pour ainsi
dire, au milieu d'un grand rassemble-
ment, et qu'on n'est point retenu par
la présence des femmes.

L'anxiété se peint sur la figure des
joueurs, absolument comme dans les
jeux publics ; le silence n'est inter-
rompu que par ces mots : *Je propose ;*

si vous voulez; cartes; combien; le roi; la vole. Plus les mises sont considérables de part et d'autre, plus le silence est grand, et moins les contestations sont fréquentes, parce que l'attention est concentrée sur le tapis. Dans les maisons où l'on ne joue que petit jeu, où les dames se mêlent parmi les joueurs, il faut plus de temps *pour faire le jeu* et réunir cinq ou six francs de chaque côté, qu'il n'en faut à une table qu'on couvre d'or et de billets.

Il s'élève souvent des contestations désagréables lorsqu'il s'agit de remettre à chaque joueur le montant doublé de la mise qu'il a faite. On se récrie alors de toutes parts; personne

ne veut s'être trompé, ou se garderait
bien d'en convenir. On décide alors
que la perte sera partagée au *prorata*
de la mise, et les innocens paient pour
les coupables. C'est là comme dans le
temple de Thémis, comme en politique, comme à la guerre, comme partout.

CHAPITRE XXIV.

LES HALLES.

Les Français passent pour le peuple le plus galant de la terre, et l'on dit en France que Paris est le paradis des femmes. Si un étranger, un Turc, un barbare de ces pays où l'on confie à des eunuques vigilans la garde d'un harem, se trouvait tout-à-coup transporté au milieu des halles parisiennes, que dirait-il de cette galanterie tant vantée et dont nous sommes si fiers ? Il n'est aucun endroit au monde où le beau sexe soit réduit à un plus cruel état d'abjection.

La réputation des *dames de la hal-le* * a franchi les barrières de la capi-tale : on sait en province qu'elles ont reculé les bornes de la politesse et de l'urbanité , et créé pour leur usage une langue dont lé vocabulaire se com-pose de mots bien moins nombreux qu'expressifs. Mais ce qu'on ne sait pas, c'est que ces *dames* ont au-des-

* On sait qu'elles jouèrent un rôle dans la ré-volution. Des efforts ont été faits depuis pour leur en faire jouer un autre dans le sens opposé; mais ces efforts ont été vains : *le peuple a donné sa démission.*

sous d'elles, bien plus bas dans la
hiérarchie sociale, d'autres femmes à
qui elles commandent en souveraines,
dont l'existence est subordonnée à la
leur, qui doivent obéir à tous leurs
ordres, et pour qui elles sont comme
une seconde Providence. Ces malheureuses font le rude métier de porte-
faix, et demeurent constamment chargées d'une hotte dont les dimensions
sont effrayantes.

La population des halles est considérable; les hommes y sont aux
femmes à-peu-près comme un est à
douze : dans plus d'un ménage, le
mari n'est que le premier meuble de
la maison; ses volontés sont subordon-
nées à celles de sa femme, et c'est

cette dernière qui tient les cordons de
la bourse pour ne les délier qu'à son
gré. Ainsi le beau sexe qui, par un
fatal enchaînement de circonstances,
se trouve cruellement ravalé dans ces
parages, le beau sexe a cependant dé-
couvert le moyen de tenir dans sa dé-
pendance immédiate une partie de ce
superbe sexe masculin, si fier de sa
supériorité physique.

L'ordre qui règne à la halle est ad-
mirable : il y a des jours pour la vente
du poisson, de la viande de boucherie,
du beurre, des œufs, des fruits et des
légumes. Des préposés, payés par la
ville, surveillent les différentes opérations ; on les reconnaît à leur redin-
gote bleue, à boutons d'argent, dont
25.

le collet est brodé et où figure un vais-
seau ; sous leurs ordres se trouvent
placés des *forts* émérites, qui commandent à des porte-faix, à des hommes de peine, au-dessous desquels
sont les malheureuses femmes dont
j'ai parlé plus haut.

Avant minuit, été comme hiver, les
cultivateurs des environs de Paris, et
ce qu'on appelle les *maraichers*, * dé-
barquent sur *le carreau de la halle :*
la place de chacun est assignée; on

* Avant que la ville de Paris ne prît chaque
année un nouvel accroissement, il y avait à ses
portes des terrains considérables où l'on cultivait
des légumes; quelques-uns de ces terrains, appelés *marais*, existent encore. De là est venu le
nom de *maraicher*.

l'occupe moyennant un droit qui se perçoit chaque jour. Au milieu de la halle principale, connue sous le nom de *marché des Innocens*, est une fontaine dont les sculptures sont de Jean Goujon. Acheteurs et vendeurs foulent aux pieds la cendre des anciens habitans de la bonne ville : sur l'emplacement même du marché était autrefois un cimetière. Aujourd'hui, après l'heure du marché principal, des marchandes de fleurs, établies dans la rue aux Fers, vendent des bouquets de mariées; c'est là que la bourgeoisie vient se pourvoir de la fleur d'orange virginale qu'on place sur le front de la jeune fille au moment de marcher aux autels de l'hymen; décoration perfide, qui fait aussi souvent la satire de la vertu d'une fiancée, que le ruban de la Légion-d'Honneur fait celle du courage de quelques héros brevetés à prix d'argent.

A une des extrémités du marché est un corps-de-garde occupé naturellement par des gendarmes; ce poste commande à toutes les halles. A quelques pas plus loin on vend *la marée* et toutes les sortes de fromages. Derrière le corps-de-garde est le bâtiment dit de la halle-aux-draps.

On se ferait difficilement une idée du mouvement extraordinaire qui règne presque perpétuellement à la halle. On en peut juger à-peu-près par l'immensité de la population : tout

le monde à Paris n'a pas *de quoi vivre*,
et cependant tout le monde existe. En
1819, il s'est vendu pour trois millions
cent soixante-trois mille cinq cent vingt
francs de marée, ou poisson d'eau de
mer et d'eau douce; pour plus d'un
million et demi de fromages secs ;
pour plus de trois millions d'œufs,
soit-disant frais, et pour environ sept
millions de francs de livres de beurre.
On a vu ailleurs quelles sont les consommations annuelles en vivres de
toute espèce.

On porte à quinze cents sacs de fa-
rine, du poids de trois cent vingt-
cinq livres l'un, le nombre des sacs
qu'absorbent les boulangers par jour.

La vie des gens qui commercent à

la halle, diffère essentiellement de
celle de tous les autres habitans; la
plupart font, comme dans quelques
professions, de la nuit le jour : ils se
lèvent quand les autres se couchent.
La vente commence à deux et trois
heures du matin, dans l'été; à cinq et
six heures dans l'hiver. Ni les pluies,
si communes à Paris, ni le froid exces-
sif, ne sauraient interrompre ce commerce si nécessaire ; aussi l'existence
d'un grand nombre de gens est-elle
attachée à celle des marchands de la
halle. Il y a là des traiteurs, des marchands de vin, des cafés, des distribu-
teurs d'eau-de-vie dont la boutique ne
ferme jamais, dans la plus rigoureuse
acception du mot. Il serait curieux

de savoir combien de litres de détestable eau-de-vie sont avalés chaque
nuit à la halle.

La rue aux Fers, où l'on voit des
marchands de passementerie, et qui
longe un des côtés de la halle, renferme, au fond de ses allées étroites,
sales et toujours obscures, des établissemens dignes de l'œil de l'observateur. C'est là qu'il faut voir à quel degré d'abrutissement l'homme et même
les femmes peuvent arriver. Dans un
espace de douze ou quinze pieds de
surface sur trois de profondeur, sont
établis des détaillans d'eau-de-vie;
cinq ou six hommes, constamment occupés à verser de cette liqueur dans
des petits verres qui se vident sans

cesse et qu'on ne rince jamais, peuvent à peine suffire aux demandes pressantes qui leur sont faites : la même main où est placé le verre qui doit servir à la libation , doit aussi en présenter le prix; tout crédit est impossible. On s'approche d'une espèce de comptoir, on paie, on boit, et l'on s'éloigne. A des buveurs succèdent d'autres buveurs, et le mouvement est tel que plusieurs hommes n'ont que le temps qui leur est strictement nécessaire pour remplir incessamment les brocs. Il en résulte que l'eau - de - vie coule absolument comme l'eau d'une fontaine, du tonneau qui la contient dans la bouche des consommateurs.

C'est surtout le matin, aux approches
du jour que l'affluence est grande en ces
lieux. J'ai dit que le nombre des hommes
à la halle est à celui des femmes comme
un est à douze ; au cabaret il est dans
la même proportion. Un aveugle, quelle
que fût d'ailleurs la délicatesse de son
tact, ne pourrait distinguer , au son
de voix, un homme d'une femme ; il
se tromperait bien autrement encore
s'il s'en rapportait aux propos qu'on
entend : sous le rapport de la pudeur,
de la retenue et du choix des expres-
sions, l'avantage est tout-à-fait du
côté de messieurs les crocheteurs.

A une certaine heure de la matinée,
les marchandises qui avaient été ache-
tées en gros, sont revendues en dé-

tail ; il est certains objets qui passent
par dix mains différentes avant d'être
cédés à ces bons Parisiens , et toujours
en augmentant de prix, bien entendu.
Supposons un beau chou, bien pom-
mé , qui est venu de Belleville à Paris,
lui centième, dans la petite charrette
d'un *maraîcher :* un premier ache-
teur l'a acquis en gros pour moins de
deux liards ; un second s'est vu forcé
de le payer près d'un sou ; des marchands en *demi-gros* l'ont revendu
deux sous à une fruitière ; celle-ci le
passe pour quatre à telle cuisinière
qui sait son métier ; et comme il faut
que tout le monde vive, il revient à
six sous rendu dans la marmite du ci-
tadin.

Une cloche, placée au centre du marché, avertit les intéressés qu'il est telle heure, et qu'on doit exécuter telle consigne donnée : à six ou sept heures du matin, les *chefs*, les maîtres - d'hôtels des grandes maisons, arrivent pour faire leurs provisions, en même temps que les petits traiteurs et les gros restaurateurs. A huit, les dames qui entendent l'économie domestique, viennent, escortées de leurs bonnes, faire gagner à ces dernières quelques sous qu'elles obtiennent des marchandes au moyen de signes convenus. A neuf heures très précises tout est débarrassé : les marchandes de fruits et de légumes font place à de petites échoppes où des fripiers étalent

de vieilles hardes. Il ne reste guère, après l'heure du marché, que
les marchandes en boutique et celles
qui ont acquis le droit de vendre pendant le jour sur un éventaire. * On a
fait élever récemment dans les halles
et marchés, des hangars superbes,
sous lesquels les marchands de toute
espèce viennent étaler leurs riches-
ses. Les dépenses d'établissement ont
été avancées par l'administration des
hôpitaux, à laquelle le droit en a
été concédé, et qui se rembourse au
moyen d'une somme légère qu'elle

* L'*éventaire* est une espèce de panier d'osier
sur lequel les marchandes ambulantes placent les
denrées qu'elles revendent à bas prix.

perçoît de chaque marchand. On peut
maintenant traverser les halles, à toutes les heures du jour, sans être ex-
posé à détourner les yeux par dégoût.
Il faut seulement savoir faire quelquefois la sourde oreille, et ne jamais pro-
voquer, soit du geste, soit de la voix,
les fières beautés qui étalent, sous un
vaste parapluie rouge, leur marchandise et leurs robustes appas.

CHAPITRE XXV.

MACÉDOINE.

A Paris, il est rare qu'une invention nouvelle ne recoive pas très promptement des améliorations, et ne soit pas imitée plus promptement encore. On a vu l'Homme-Affiche se promener sur les boulevards et dans les rues, portant sur la poitrine et sur le dos une annonce de commerce. C'est au génie inventif des Anglais que nous devons cette découverte importée en France depuis peu de temps.

On voit aujourd'hui dans les rues de la capitale un jeune homme, coiffé d'un énorme chapeau-claque de toile cirée, sur lequel on lit l'adresse d'un chapelier qui vend des chapeaux *superfins* au prix modeste de treize francs cinquante centimes. Comme les caractères de cette nouvelle affiche sont d'une médiocre grandeur, et qu'on ne les lirait qu'avec beaucoup de peine si l'*automate* qui les porte était toujours en mouvement, il s'arrête souvent devant les boutiques, comme pour examiner les marchandises qu'elles contiennent, et laisse ainsi aux passans curieux la faculté de lire l'annonce qu'il promène. L'auteur de cette découverte a droit à un brevet de perfectionnement.

— La manie du DE et des noms dou-
bles marche aujourd'hui l'égale de la
manie des titres : à la simple inspection
des feuilles publiques, tout le monde
peut s'assurer de l'exactitude de cette
assertion. Le plus petit employé, à
défaut de la noble particule, veut au
moins avoir deux noms, comme si
cela pouvait ajouter quelque chose au
mérite personnel. Il n'en est rien, malheureusement pour les sots. Que tant
de braves gens regardent autour
d'eux, ils verront qu'un seul nom, *un
nom historique,* quand il jouit encore d'un peu de célébrité, est presque toujours un lourd fardeau pour
celui qui le porte.

— Quelques tailleurs de la ville par
excellence, en voyant approcher l'épo-

que de la promenade de Long-Champ;
époque de bonheur où la mode rend
des arrêts que le goût même n'oserait
casser, se sont avisés d'un singulier
expédient en 1824 : ils ont fait courir
sur les boulevards et dans les prome-
nades des Elégans modèles, des hommes « porte-manteaux » qu'ils ont
revêtus d'habits, de redingotes de
formes ou de couleurs nouvelles. Plusieurs de ces échantillons humains
ont été vus aux Bouffes, à Gand * et
dans le grand foyer de l'Opéra.

— N'est-il pas à craindre que la
rage du bel esprit, qui déjà n'est que
trop grande parmi les Parisiens, ne
devienne plus terrible encore ? Avant

* C'est-à-dire au boulevard de Gand.

peu tout le monde abandonnera très
probablement l'humble prose pour ne
s'exprimer qu'en vers : *les improvisateurs* pourront alors faire leur paquet.
Il n'y a pas à Paris un atelier, une
manufacture qui n'ait son poète
choisi dans le sein même des ouvriers.
Un marchand de cirage de la rue
Saint-Martin a fait faire une espèce
d'enseigne-tableau représentant un
militaire assis à côté d'une belle dame
et regardant un singe qui montre une
tablette de cirage; au bas sont écrites ces
deux lignes, que monsieur le marchand de cirage prend sans doute pour
des vers :

Quoi qu'en disent mes rivaux et toutes leurs *cabales*,
Mon cirage est meilleur que le leur, et n'a rien qui *l'égale*.

— Très décidément il n'y a plus de *grands hommes* que parmi les petits enfans ; les bambins seuls font parler d'eux aujourd'hui : nous avons à Paris des professeurs de piano en jaquette, des *grandes coquettes* de dix ans et des improvisateurs au berceau.

— Monsieur voudrait-il s'en défaire ? Telle est la question que vous adressent des *messieurs* fort proprement vêtus qui se tiennent, pendant les entr'actes, à la porte des théâtres. * Il s'agit de la *contremarque*, dont ces messieurs font un honnête trafic. Dernièrement un mari tourmenté par sa femme, sortait d'un théâtre après la première pièce; l'é-

* Voir dans le premier volume le chapitre XIV.

poux infortuné se disputait à haute voix ; il allait peut-être envoyer à tous les diables sa douce moitié, lorsqu'un marchand de contremarques s'approcha doucement de lui et lui dit : « Mon-
» sieur voudrait-il s'en défaire ? »

— Le joli jardin Beaujon, depuis long-temps ouvert au public, vient d'être vendu à une société de capitalistes qui se proposent d'y bâtir un quartier à la manière hollandaise. *Ti-voli,* le plus beau des jardins publics de Paris, ne tardera pas à subir le même sort : on sait qu'il doit être détruit par la *Bande Noire,* * et déjà

* On a donné le nom de *Bande Noire* à une réunion de capitalistes qui achètent les grandes maisons, les châteaux, pour les jeter à bas et

cette même bande a envahi une partie
de la promenade *des Champs-Élysées.*
Faites-moi l'amitié de me dire, bons
Parisiens (si cette rage d'édifier con-
tinue de faire des progrès), où l'on
pourra respirer, dans votre nouvel
Eden, pendant la belle saison ?

— On faisait dernièrement, dans
un salon du faubourg Saint-Germain,
le plus pompeux éloge d'une *maison
de santé* établie depuis peu dans les
environs de Paris, et destinée à recevoir des aliénés ; rien n'y sent la gêne

bénéficier sur les plombs, les fers, les matériaux
de toute espèce. Il y a une autre sorte de *bande
noire* bien autrement dangereuse : elle se compose des gens qui ont juré de détruire pièce à
pièce toutes les institutions libérales.

ou la contrainte, disait un prôneur enthousiaste de cet établissement; Messieurs les fous peuvent s'y croire en liberté; des arbres masquent les palissades qui entourent les lieux où il leur est permis de se promener; les gardiens n'ont à la bouche que de douces paroles ; on vous demande poliment la permission de vous administrer une douzaine de douches, ou celle de vous mettre le corset de force; enfin les gendarmes sont déguisés en citoyens. Heureux progrès de l'art de gouverner! Quel plaisir d'être fou! Il n'y a que le plaisir de l'esclavage qu'on lui puisse raisonnablement comparer.

L'apologiste de cette heureuse maison donnait, sans s'en douter, le se-

cret de la politique de certaines Excellences : les Français (disent-elles) tiennent aux formes du gouvernement re-
présentatif, laissons-les subsister, mais
qu'elles nous servent à leur forger des
fers ; masquons avec des fleurs les murs
d'airain que nous élevons autour d'eux ;
n'assassinons pas *la liberté*, faisons-
la mourir à petit feu.

— L'art culinaire est aujourd'hui
d'une importance relative très remarquable : on a fait des bibliothèques por-
tatives et des éditions de livres qui se
transportent aisément ; il nous manquait des batteries de cuisine qu'on pût
facilement déplacer et sans trop de frais.

Un artiste-chaudronnier, fournis-
seur des cuisines du ministère des fi-

nances, a résolu ce problème important en imaginant des caisses qui renferment tout ce que peut désirer le chef
de cuisine ou de bureau le plus distingué. Par ce moyen, tel fonctionnaire
que déplace un ordre ministériel inat-
tendu, pourra traîner avec lui sa bat-
terie de cuisine, attirail indispensable
d'un homme en place, et transporter aisément son mérite d'un lieu à un autre.

Tous les préfets seront tenus de se
procurer ce meuble nouveau.

—Il y a déjà long-temps qu'on agite la
question de savoir de quelle manière
on doit écrire le nom du complément
indispensable du costume d'une femme : le *schall*. Jusqu'à présent les marchands de cachemires qui, dans ces

sortes de choses, doivent faire autorité, avaient écrit ce mot comme je viens de l'écrire. On a fait valoir récemment d'autres autorités non moins respectables. Un fabricant, qui a examiné cette affaire, a, sans balancer, prononcé magistralement qu'on devait écrire *châle*. Le propriétaire d'un brillant magasin de la rue Vivienne vient d'adopter cette nouvelle orthographe : on lit sur son enseigne le mot magique *châles*, écrit en caractères de deux pieds de haut. Une dame que j'ai consultée sur cette innovation un peu hardie, m'a répondu : Que le mot s'écrive d'une manière ou d'une autre, il ne m'importe guère ; je ne lis jamais les factures, cela regarde

27..

mon mari; l'essentiel est qu'il me comprenne quand je lui demande quelque chose qui me manque.

— On vient d'ouvrir aux portes de la capitale un établissement qui manquait : c'est un vaste emplacement garni d'arbres en certains endroits, où l'amateur le plus novice aura l'avantage de pouvoir chasser à coup sûr ; du gibier en abondance y sera renfermé ; on y fera une espèce de chasse domestique ; au besoin même, les chasseurs pourraient tirer les uns sur les autres. Lorsqu'on se trouvera fatigué, on pourra se délasser et se restaurer chez un traiteur dépendant de l'établissement. *Le Port à l'Anglais*, non loin de Bercy, est le lieu qu'on

désigne. C'est de cet endroit qu'on
pourra dire avec raison : les allouettes
y tombent toutes rôties.

— O vous, maris qui battez vos
femmes, hommes peu généreux envers un sexe faible et sans défense,
comme chacun sait, que n'assistiez-
vous comme moi, pauvre provincial,
à l'audience du tribunal de police cor-
rectionnelle! vous y auriez été témoins
de la conduite éminemment noble et
digne d'une pauvre femme que son
mari avait rouée de coups, et qui s'est
généreusement constituée son défen-
seur! C'est là, Mesdames, un modèle
à imiter : rendre le bien pour le mal,
tendre une joue après avoir été frap-
pé sur l'autre! O femmes qu'on châ-

tie à tort ou à raison , prenez exemple
là-dessus..... ou plutôt , maris qui son-
gez à corriger vos douces et chastes
moitiés , renoncez-y : malgré la belle
conduite de là victime , six mois de
prison vont punir l'époux coupable
dont je viens de parler.

— La connaissance du cœur humain est d'une grande utilité à Paris
dans l'exercice d'une profession qui
met celui qui l'exerce en rapport direct avec le public ; elle l'aide singulièrement à parvenir à ses fins : il ne
faut savoir que flatter adroitement les
petites passions de chacun. Un men-
diant qui s'est établi sur le boulevard, et que j'ai souvent remarqué ,
dès qu'il voit passer une personne

qu'il suppose charitable, s'approche
d'elle, et, selon la profession qu'il
croit qu'elle exerce, lui dit à l'oreille :
« Ayez pitié d'un ancien marchand, ou
d'un vieux militaire, ou d'un employé
réformé, ou d'un comédien malheureux. » Presque toujours, au moyen de
ce petit manége, il attrappe quelques
pièces de monnaie, même lorsqu'il se
trompe, parce que l'amour-propre
peut se trouver flatté des erreurs qu'il
commet.

— Un particulier de ma connaissance avait acheté de l'administration
de la ville une maison qui devait être
démolie; pendant qu'on procédait à
la démolition, un maçon a trouvé *un
trésor* dans les décombres. L'autorité

prétend que le trésor lui appartient, parce que, dit-elle, elle n'avait pas cédé le sol; l'acquéreur soutient que la trouvaille ayant été faite dans une maison qu'il a payée, il a seul des droits. De son côté, le maçon élève aussi des prétentions. Cette affaire assez singulière se juge actuellement.

— Les maîtresses sages-femmes se contentaient jadis (à ce qu'on m'a dit) de faire écrire sur le tableau où elles étaient représentées en pied, tenant un enfant dans leurs bras: *Madame N., accoucheuse jurée, prend des pensionnaires*. Aujourd'hui on lit en lettres d'un pied sur leur enseigne: MAISON D'ACCOUCHEMENT. Cela est plus moral et surtout beaucoup plus clair.

— Il est actuellement de fort bon ton de se faire suivre à cheval lorsqu'on se promène aux Champs-Élysées, ou qu'on se rend *au bois*, [*] par un *groom* de la plus petite taille, à l'instar des Anglais. Un spéculateur (car dans cette bonne ville on spécule sur tout) a retiré chez lui un bon nombre de petits savoyards qu'il a fait habiller très élégamment en jokeys d'Albion. Les personnes qui veulent des *groom* peuvent, en toute confiance, aller chez ce nouvel entrepreneur; il en tient de toutes les tailles, depuis quatre pieds jusqu'à deux; il ne s'agit plus que de leur apprendre

(1) J'ai déjà eu occasion de dire que ces mots: *au bois*, veulent dire le bois de Boulogne.

à se tenir à cheval. Quant à leur éducation, ils savent prononcer *goddam*
et sont tous de fort bon appétit.

— Voici un petit tour conjugal joué
par une femme à son mari, lequel
tour passe de beaucoup la plaisanterie.
La chaste épouse d'un marchand de
chevaux a fui récemment avec un
jeune homme, emportant tout ce
qu'elle a pu réunir d'argent comptant
en l'absence de son époux. Cette nouvelle Hélène, avant de partir, avait
emprunté diverses sommes à ses parens, amis et connaissances. Les em-
prunts qu'elle a faits de cette manière
approchent de vingt mille francs, non
compris ce qu'elle a soustrait de sa
propre maison. Cette malheureuse,

que la justice humaine ou divine
atteindra sans doute un jour, était
mariée depuis quinze ans.

— Lecteur, tu vas frémir!... Un
homme monte, il y a quelques mois,
dans un cabriolet de place, et dit au
cocher de le conduire au cimetière du
Père Lachaise. Il se tait pendant le
trajet... Arrivé à la porte de ce vaste
entrepôt de la population parisienne,
le cocher, croyant qu'il dort, le pousse
pour le réveiller, et le tire par la man-
che de son habit : le malheureux était
mort !!!!

— On a voulu introduire à Paris
l'usage *des combats de coqs ;* cette
tentative est restée sans succès. Cependant on s'est porté, les premiers

jours seulement, à ce nouveau spectacle ; j'ai fait comme les autres.

Ce qu'il offrait de plus extraordinaire était, sans contredit, une réunion assez nombreuse d'êtres raisonnables ou supposés tels. Eh quoi! le
beau sexe lui-même assiste en riant à
des jeux cruels où de pauvres animaux
versent leur sang et meurent après
une longue et cruelle agonie! On entend assez souvent, dans le monde,
des femmes se récrier sur la barbarie
des cuisinières, qui, disent-elles,
mettent *froidement* à la broche un
pauvre dindon qui ne leur a rien
fait!.... Plus d'une petite-maîtresse
affirme très sérieusement qu'elle ne
saurait voir tuer un poulet. Expliquez-

nous donc, Mesdames, le plaisir que
vous éprouviez visiblement en voyant
rendre le dernier soupir aux malheureux coqs qu'on avait fait descendre
dans l'arène ?

Au milieu d'un amphithéâtre on
avait disposé un petit espace circulaire,
sablé et entouré d'un treillage, où
des commissaires, ou si l'on veut des
juges du camp, vêtus de noir, pla-
çaient tour-à-tour les coqs belli-
queux, après les avoir préalablement
pesés pour s'assurer sans doute que
le poids de la valeur de l'un était exactement celui du courage de l'autre.
Une fanfare se faisait entendre et le
combat commençait. Les règles de la
lutte étaient tracées dans une espèce

de prospectus. Après quelques minutes d'un engagement plus ou moins opiniâtre, un des deux coqs tombait mort, baigné dans son sang, au bruit des applaudissemens de la galerie.

L'insouciance des Parisiens a fait justice de cet amusement britannique.

— L'Homme-Exposition. La lettre que l'on va lire pourra donner aux habitans de la province une idée des moyens ingénieux que l'on emploie à Paris pour attirer l'attention de la multitude sur les nouveaux établissemens de commerce.

« Monsieur, je suis invalide de mon état, et je jouis d'une assez mauvaise santé et d'une pension de retraite, avec une place à l'Hôtel. J'ai fait dix ans la guerre, et j'en puis produire des preuves qui valent les meilleurs certificats : la plus belle partie de mon nez et mon œil droit sont restés sur le champ de bataille d'Hohenlinden ; j'ai perdu ma jambe droite à Marengo; et, pendant qu'on me transportait charitablement à l'ambulance, un boulet autrichien m'a privé de mon avant-bras gauche. Sur la demande que l'on forma pour moi, le ministre de la guerre de l'époque consentit, non sans difficulté, à donner une place dans le palais des Invalides à la portion survivante qui restait de votre serviteur.

» Je me promenais un jour sur l'esplanade, auprès de l'Hôtel, lorsque

deux particuliers s'approchèrent de
moi et m'invitèrent à boire bouteille;
après quelques façons, j'acceptai. Une
fois au cabaret, on me proposa de gagner quarante sous par jour et la
nourriture, si je voulais aider de ma
personne, dans une entreprise nouvelle, plusieurs spéculateurs parisiens : il ne s'agit, me dit-on, que de
rester toute la journée dans un *Bazar*
ouvert au public. Je ne suis pas fier;
j'y consentis.

» Voici, Monsieur, ce qu'on exige de
moi; tous les matins un employé
de l'entreprise s'empare de ma personne; il remplace d'abord ma jambe
de bois (uniforme de l'Hôtel) par
une jambe de fer fort élégante, pro-

prement garnie de cuir vernis, et
pour la confection de laquelle on a
obtenu , dans le temps, un brevet
d'invention de feu l'Empereur (.vous
savez de qui je veux parler): Il me
place ensuite un avant-bras mécani-
que, orné d'une main fort commode ,
et qu'il recouvre d'un gant sans cou-
ture , après m'avoir mis à tous les
doigts des anneaux de fer de Georget , * contre la migraine. Cela fait,
il ôte le bandeau que je porte habituellement sur l'œil gauche, et m'in-

(1) M. Georget est un habile serrurier-
mécanicien de la rue de la Paix, au-dessus
de la porte duquel on lit ces mots, que les
étrangers et même quelques Français ont un peu
de peine à comprendre : HAUTE SERRURERIE.

cruste un œil de verre fait dans la perfection. J'ai le malheur de n'avoir plus de dents, il y supplée par un râteller d'ivoire qui fait honte à la nature. Mon nez d'argent cède la place à un nez retroussé qui me donne un petit air tout gaillard et qui est fait, me dit-il, d'une matière nouvellement découverte. Il ajuste ensuite sur la partie postérieure de la jambe qui me reste, un molet de coton piqué, sur le modèle de ceux des danseuses et danseurs de l'Opéra.

» Mais ce n'est pas tout encore : j'ai un gilet de futaine pour les rhumatismes ; un toupet à ressort, à cheveux implantés ; trois sortes de bonnets de laine et de coton, l'un sur l'autre , et

des boucles d'oreilles d'une composition qui imite la pierre précieuse.
Je porte des caleçons de peau de chien
contre les douleurs; un soulier corio-
clave perfectionné, une guêtre pour
la goutte; des gants de santé, une per-
ruque de soie et un chapeau de baleine.

» On a poussé l'attention jusqu'à me
fournir un assortiment de tabatières
remplies de vingt sortes de tabacs;
mes poches sont garnies de tablettes
de bouillon et de chocolat; je mâche
continuellement du cachou avec mes
dents postiches, qui font très bien leur
service, et je suis autorisé à offrir au
public des échantillons de pastilles et
de bonbons, dont on me fournit en
abondance; enfin je tiens, de la main

qui me reste, des *prospectus* que je
distribue aux curieux.

» Voilà, Monsieur, en quel état je
suis visible à mon Bazar depuis neuf
heures du matin jusqu'à dix heures
du soir. Ma journée finie, on me dé-
pouille jusqu'au lendemain ; et un
commissionnaire reconduit à l'hôtel
ce qui m'appartient en propre, c'est-
à-dire ma tête, mon corps, ma
jambe et mon bras.

» Je suis, etc.

» *Le père la Ruine,*
» *Surnommé* l'Homme-Exposition. »

FIN.